Silke Schwartau   Armin Valet

Vorsicht !
Supermarkt

Wie wir verführt und
betrogen werden

Rowohlt Taschenbuch Verlag

Originalausgabe

Veröffentlicht im Rowohlt Taschenbuch Verlag,

Reinbek bei Hamburg, November 2007

Copyright © 2007 by Rowohlt Verlag GmbH,

Reinbek bei Hamburg

Lektorat Susanne Frank

Fotos im Innenteil: Janine Koch; S. 169 Verbraucherzentrale Hamburg

Supermarktillustration Tomasz Duraj, Hamburg

Innengestaltung Daniel Sauthoff

Satz Berling PostScript (InDesign)

Gesamtherstellung Clausen & Bosse, Leck

Printed in Germany

ISBN 978 3 499 62315 8

Inhalt

Beeinflussung total: So werden Sie zum Kaufen verführt

Einkaufsfalle Supermarkt: Warum kaufen Sie mehr, als Sie brauchen?

Wie kaufen Sie ein? Notieren Sie sich, was Ihnen fehlt, oder lassen Sie sich eher vom Warenangebot inspirieren und erreichen die Kasse mit übervollem Einkaufswagen? Dann befinden Sie sich in guter Gesellschaft, denn bis zu 60 Prozent der Einkäufe werden spontan getätigt.[1] Das ist kein Wunder, denn moderne Supermärkte werden von Werbepsychologen bis ins letzte Detail geplant. Nichts wird dem Zufall überlassen. Verpackungsdesigner und Marketingexperten kennen Ihre Ur-Instinkte häufig besser als Sie selbst und nutzen Ihre kleinen Schwächen gezielt aus, um Sie zum unkontrollierten Kaufen anzuregen – vor allem auch zum Kaufen ungesunder, überteuerter und unnützer Produkte. Das Ziel: Sie sollen nicht nur finden, was Sie suchen, sondern kaufen, wovon Sie bislang gar nicht wussten, dass Sie es brauchen.

Da auf Verkaufspersonal mittlerweile weitgehend verzichtet wird, verführen heute allein die Werbung, die Platzierung, der Markenname, die Verpackungsgestaltung oder der Preis. Etikettenschwindel gehört für viele Firmen zum Geschäft und beschert ihnen satte Gewinne: für Experten leicht zu erkennen, für Laien schwer durchschaubar. Anbieter verschweigen gesundheitliche Nachteile für die Kunden, indem sie zum Beispiel den Zuckergehalt verschleiern und nicht auf hohe Kaloriengehalte hinweisen. Wenn Sie glauben, dass eine bäuerliche Idylle auf der Wurstverpackung die tatsächlichen Lebensumstände der Tiere darstellt oder die vielen Erdbeeren auf dem Etikett des Joghurts ein Indiz dafür sind, dass darin viele Früchte verarbeitet wurden, sind Sie schon den Werbestrategen auf den Leim gegangen.

Leider kann man nicht von den Abbildungen auf den Inhalt schließen; auch Wurst, die mit Fleisch aus Massentierhaltung hergestellt wird, versehen die Hersteller mit Abbildungen von glücklichen Kühen, und statt Erdbeeren enthalten viele Joghurts Fruchtzubereitungen mit viel Zucker und Aromastoffen. Ein «Garnierungsvorschlag» suggeriert bestimmte Inhaltsstoffe wie zum Beispiel Himbeeren, doch die müssen Sie schon selbst hinzufügen.

Auch wenn im Supermarkt kein aufdringlicher Verkäufer nervt, genießen Sie mitnichten die grenzenlose Freiheit des Einkaufens. Im Gegenteil: Sie werden gezielt gegängelt. Die Laufrichtung, jeder Schritt, jeder Griff ins Regal und jeder Blick auf das Warenangebot ist längst durchschaut und von Werbestrategen gezielt geplant worden, um Ihnen möglichst viel Geld aus der Tasche zu ziehen. Konsumforscher messen die Herzfrequenz und die Körpertemperatur von Versuchspersonen beim Einkauf, forschen mit Hilfe von Videostudien (unter anderem Blick- und Laufrichtungsstudien) und analysieren das Einkaufsverhalten, um Sie zu manipulieren und Ihre Schwächen zu erkennen. Statt vom Verkaufspersonal angeboten zu werden, verkaufen sich die Waren im heutigen Supermarkt selbst, ausstaffiert mit üppigen Werbeversprechungen. Einkaufsfreiheit sieht anders aus.

Es hilft nicht, sehnsuchtsvoll in die Vergangenheit zu blicken: Tante Emma mit ihrem Laden, in dem man noch bedient wurde und vor einem kleinen, überschaubaren Produktsortiment stand, ist seit 1950 auf dem Rückzug. «Die Hausfrau braucht nicht mehr anzustehen», warben die ersten Supermarktinhaber. «Sie kann ihre langweiligen Einkaufsvormittage je nach Entschlussfreudigkeit auf fünf Minuten reduzieren und frei wählen, statt sich von Verkäuferinnen einschüchtern zu lassen, die immer das Teuerste loswerden wollen. Die Hausfrau nimmt sich alles, was sie braucht, von den Regalen selbst herunter, packt es auf eine Art Kinderkarre und schiebt diese nach beendetem Verkaufsrundgang zur Kasse. Die Kassiererin lässt für jedes Warenteil einen Bon durchlaufen, rechnet ab und entlässt den Kunden bei der Packtisch-Endstation.»[2]

Die ersten Selbstbedienungsunternehmer, die ihre Regale schon so einrichteten, dass «der Kunde zwangsläufig alle Stationen des Lebensmittel-Labyrinths durchpilgern muss», meldeten Umsatzsteigerungen bis zu 100 Prozent. Der Siegeszug des Supermarkts begann.[3]

Darauf zu hoffen, dass die Supermarktinhaber einsichtig sind und auf die verkaufsfördernde Beeinflussung verzichten, ist unrealistisch. Das Einzige, was hilft: Wehren Sie sich und durchschauen Sie die Tricks und Fallen. Wappnen Sie sich mit Informationen und enttarnen Sie den Schwindel.

Werden Sie vom dressierten Kunden zum selbstbestimmten Verbraucher!

Supermärkte in Zahlen

- Drei «Supermarkt-Familien» sind die reichsten Deutschlands: Karl Albrecht (*ALDI Süd*), Theo Albrecht (*ALDI Nord*) und Dieter Schwarz (*Lidl, Kaufland*). Weit abgeschlagen folgen Susanne Klatten (*BMW*), Familie Otto (*OTTO Versand*) oder Dietmar Hopp (*SAP*).[4]
- Fünf Konzerne, wie *Edeka* (unter anderem mit *Netto* und *Spar*), *METRO* (unter anderem mit *Real* und *Kaufhof*), *REWE*,

Schwarz Gruppe (zum Beispiel mit *Lidl* und *Kaufland*) und *ALDI*, vereinen gut drei Viertel des Lebensmittelumsatzes.[5]

- Sechs Prozent aller Supermarktprodukte enthalten weniger Inhalt als auf der Verpackung angegeben wird.[6]
- 15,43 Euro geben die Verbraucher durchschnittlich für einen Einkauf aus, 221-mal pro Jahr wird eingekauft.[7]
- 27,4 Milliarden Euro setzt *ALDI* im Jahr in Deutschland um und führt damit die Discountriesen an. Danach folgt *Lidl* mit 12,1 Milliarden Euro, *Plus* mit 6,7 Milliarden Euro und *Penny* mit 6,1 Milliarden Euro.[8]
- 38 Kilogramm Tiefkühlkost isst jeder Deutsche im Jahr, 1960 waren es noch 400 Gramm.[9]
- 127,6 Milliarden Euro betrug der Umsatz im Lebensmittel-einzelhandel 2006.[10]
- 400 Quadratmeter ist die Mindestgröße für einen Super-markt (bis circa 1000 Quadratmeter).
- 920 Millionen Euro wurden 2006 von Lebensmitteleinzel-handel für Werbung ausgegeben, insbesondere in Zeitungen und Zeitschriften. In elektronischen Medien warben schwer-punktmäßig *Plus*, *Wal-Mart*, *Kaisers Tengelmann* und *Sky*.[11]
- 1000 Quadratmeter Verkaufsfläche und mehr hat ein Geschäft, das als Verbrauchermarkt bezeichnet wird (und führt auch noch Haushaltswaren und Kleidung).
- 8400 Supermärkte gibt es in Deutschland, 14800 Discoun-ter sowie 3000 Lebensmittelabteilungen und Verbraucher-märkte und 32700 sonstige Lebensmittelgeschäfte.[12]
- 10100 Artikel gibt es durchschnittlich im Supermarkt, im Discounter 1800 und in Verbrauchermärkten 28000.[13]
- 127350 Lebensmittelgeschäfte gab es 1970 allein in West-deutschland. Die Konzentration im Einzelhandel schrei-tet voran: Im Jahr 2006 reduzierte sich die Zahl auf 59000 Lebensmittelgeschäfte in Gesamtdeutschland.[14]

Die Psychologie der Verkaufsförderung

Die Supermarktplaner halten sich an bestimmte, verkaufsfördernde Maßnahmen, die Sie in fast jedem Supermarkt wiederfinden. Sie sollen sich im Dickicht eines Marktes verirren, durch den gesamten Laden geführt werden – und vor allem möglichst viel dabei kaufen. Damit dieses Ziel erreicht wird, finden diverse Psycho-Tricks ihre Anwendung, dazu gehören:

Linksdrall ausnutzen: Der Eingang befindet sich meist auf der rechten Seite des Gebäudes, sodass Sie im Supermarkt links herum gehen müssen. Die meisten Menschen haben einen Linksdrall; würde man die Kunden rechts herum leiten, fühlten sie sich eher unwohl und gestresst, würden also weniger kaufen.

Am Eingang schnelle Schritte stoppen: Im Eingangsbereich des Marktes befindet sich eine «Bremszone», auch «Landebahn» genannt, die Ihre schnellen Schritte abbremsen und dafür sorgen soll, dass Sie möglichst langsam an den Regalen vorbeigehen und viele Produkte wahrnehmen. Daher befindet sich hier auch das weitläufige Obst- und Gemüseangebot; die bunte Vielfalt der Waren wirkt einladend, Sie nehmen vielleicht das eine oder andere Produkt in die Hand – und ganz automatisch verlangsamt sich Ihr Schritttempo.

Lauftempo im Gang bremsen: Ist der Gang zu breit, gehen Sie zu schnell durch den Laden. Eine Gangbreite von zwei Metern ist ideal; so können Sie gerade noch zwei Wagen aneinander vorbeischieben. Sind die Gänge breiter, werden sie oft vollgestellt, und problemloses Rangieren ist nicht mehr möglich. Durch Deckenhänger oder sogenannte «Stopper» werden Sie noch

einmal ausgebremst, damit Ihnen keine Werbebotschaft ent-
geht.

In die teuren Bereiche locken: In den Gängen sind die Regalständer
so angeordnet, dass Sie auf die teuren Produkte zulaufen. So
befinden sich in Ihrer Lauf- und Blickrichtung beispielsweise
teure Kosmetika in Geschenkpackungen; um einfache Seife
oder Duschgel zu finden, müssen Sie sich zur Seite drehen.

Lange Wege vorgeben: Dinge des häufigen Bedarfs, zum Beispiel
frische Milch oder Aufschnitt, befinden sich ganz am Ende des
Marktes, damit der Kunde möglichst viele Gänge durchqueren
muss. Eine Abkürzung zur Kasse fehlt meist.

Gleiches zusammen anbieten: Gleichartige Artikel wie Zahncreme
und Zahnbürsten stehen nah beieinander, denn Kunden, die
das eine suchen, nehmen vielleicht auch das andere mit.

Regalplätze unsichtbar in Zonen unterteilen: Die Regale sind in eine
Sichtzone (1,40 bis 1,80 Meter), Greifzone (0,60 bis 1,40
Meter), Bückzone (bis 0,60 Meter) und Reckzone (über 1,80
Meter) unterteilt. In der Sichtzone auf Augenhöhe befinden
sich die Produkte mit den größten Gewinnspannen, in der
Bück- oder Reckzone die billigsten. Viele Kunden möchten
sich nicht bücken oder strecken; wer diese Gymnastik scheut,
muss höhere Preise zahlen. Wird zum Beispiel Schokolade in
unterschiedlichen Preisstufen angeboten, steht die teuerste in
Augenhöhe, die etwas günstigere ganz oben und die billigste
knapp über dem Fußboden. So freuen sich die Anbieter: «Ein
Artikel, der in Kniehöhe im Regal platziert ist und dort 30-mal
verkauft wird, bringt es in Hüfthöhe auf 70 Verkäufe, in Augenhöhe aber auf 100.»[15]

Umräumaktionen durchführen: Supermarktinhaber lieben die Abwechslung, also wird regelmäßig umgeräumt. Dies dient vor allem dazu, das Einkaufen jedes Mal anders zu gestalten und die Kunden immer wieder neue Produkte entdecken zu lassen. Je mehr verschiedene Produkte ein Kunde sieht, desto mehr kauft er. Der Weg ist das Ziel – auch beim Shopping. Wundern Sie sich also nicht, wenn Sie Streichhölzer, Toilettenpapier oder Marmelade plötzlich nicht finden. Durch den Standortwechsel werden Sie in Bereiche des Supermarkts gelockt, die Sie sonst nicht betreten. Allerdings verärgert zu häufiges Umräumen die Kunden und wird deshalb höchstens alle paar Wochen durchgeführt.

Im Kassenbereich besonders viel Teures platzieren: Hier stehen die Artikel mit den höchsten Gewinnspannen, an denen die Supermarktinhaber am meisten verdienen. Bis zu fünf Prozent des Umsatzes wird an den Kassen gemacht, obwohl dieser Bereich nur 1,5 Prozent der Ladenfläche ausmacht. Für viele Kunden hat die Kasse nach dem anstrengenden Einkauf eine Art «Weckfunktion».[16] Die Anbieter spekulieren darauf, dass Sie während der Wartezeit in der Schlange noch einmal um sich schauen und zugreifen. Die «Quengelzone» trägt ihren Namen zu Recht, da sich Kinder in diesem Bereich oft noch einen Schokoriegel «erquengeln»; manchmal kostet der Riegel hier genauso viel wie der Dreierpack, der an anderer Stelle angeboten wird (darauf gehen wir im Kapitel ***Das Teuerste zum Schluss: Quengelzone Kasse***, S. 166, ausführlich ein).

Wände mit trendigem Look: Karge weiße Wände gehören der Vergangenheit an; sie sind neuerdings in zartem Gelb oder Rosa gehalten oder indirekt beleuchtet und schaffen so eine besonders kauffreundliche Atmosphäre. Fototapeten mit Eiswürfeln bei den Spirituosen wecken die Vorfreude auf ein erfrischendes Getränk. Die Weinregale im Discounter sind aufwendiger gestaltet, um die Weine hochwertiger erscheinen zu lassen. Es wird auch darüber nachgedacht, statt auf schlicht weiße Kühl-möbel auf schwarz oder anthrazit zu setzen, damit sich farbige Produkte besser abheben.

Die häufigsten Irrtümer der Supermarktkäufer

Bevor wir mit Ihnen im Supermarkt von Regal zu Regal gehen, müssen wir Sie noch auf ein paar Irrtümer aufmerksam machen, denen viele untrainierte Käufer unterliegen. Dies wird Ihnen helfen, Kaufentscheidungen zukünftig eher mit dem Kopf und weniger mit dem Bauch zu treffen.

1. Die Informationsvielfalt ist paradiesisch groß

Irrtum:

Sie können sich über die Qualität, zum Beispiel Anbaumethoden, Tierhaltung oder Verfahren der Lebensmittelherstellung ausreichend informieren.

Das ist die Wahrheit:

Sie erhalten zwar Informationen über die Art des Produktes (Verkehrsbezeichnung), über das Gewicht, über das Mindesthaltbarkeitsdatum oder über die meisten Inhaltsstoffe, aber über die Art der Tierhaltung (Massentierhaltung?) oder die Anbaumethoden (Kontrollen und Vorgaben zur Pestizidreduktion?) erfahren Sie nichts. Die wahre Qualität bleibt häufig im Dunkeln.

2. Die Kennzeichnung der Lebensmittel ist eine gute Einkaufshilfe

Irrtum:

Alles, was Sie über Lebensmittel wissen müssen, steht auf der Verpackung.

Das ist die Wahrheit:

Die Kennzeichnung ist oft schwer zu entziffern und eher anbieter- als verbraucherfreundlich. Zwar muss ein Zutatenverzeichnis auf der Verpackung stehen, doch oft wird es so klein gedruckt oder der Hintergrund ist so wenig kontrastreich, dass das Lesen große Mühe macht. Und die Identifikationszeichen, EAN-Codes oder E-Nummern sind kaum zu entschlüsseln. Zwar muss der Name und die Anschrift des Herstellers, Abpackers oder Verkäufers genannt werden, aber es fehlen oft Hinweise zur Herkunft, zum Nährwert, zum prozentualen Anteil der Inhaltsstoffe oder auf Gentechnik (zum Beispiel bei Fleisch oder Milch). Bei lose verkauften Waren, beispielsweise Feinkostsalaten oder Brötchen, fehlen fast alle Informationen über die Inhaltsstoffe. Über die Art der Aromen, Enzyme oder technischen Hilfsstoffe erfahren Sie ebenfalls nichts. Detailliert behandeln wir dieses Thema im Kapitel Fertiggerichte: *Nicht wie selbst gekocht!*, S. 130.

3. Preisvergleiche sind einfach

Irrtum:
Im Supermarkt kann man zwischen den unterschiedlichen Lebensmitteln die Preise sehr gut vergleichen und sich die preiswertesten aussuchen.

Das ist die Wahrheit:
Die Idee der Standardgrößen stellte ursprünglich einen Vorteil für die Käufer dar, da sie die Preise besser vergleichen konnten. Doch das ist nun vorbei: Der Preisvergleich wird komplizierter. Das Europäische Parlament hat die Standardgrößen, an die Sie sich gewöhnt haben (zum Beispiel 100 Gramm für Schokolade oder 500 Gramm für Kaffee), im Mai 2007 für die Zukunft abgeschafft. Fertig verpackte Waren können demnächst in jeder beliebigen Füllmenge verkauft werden. Bis Frühjahr 2009 soll die Richtlinie auch in Deutschland umgesetzt werden. Für einige Lebensmittel wie Zucker oder Milch gibt es noch Übergangsfristen.[17]

Mehr und mehr werden zukünftig «krumme Gewichte» Einzug in die Regale halten, 237 Gramm Fruchtgummis oder 240 Gramm Butter beispielsweise. Ohne Grundpreisangaben, das heißt Preise pro 100 Gramm und Kilogramm oder 100 Milliliter und Liter, sind Preisvergleiche schwierig. Obwohl diese Grundpreise gesetzlich vorgeschrieben sind, fehlen sie manchmal, sind sehr klein und in blasser Schrift gedruckt oder unten am Regal kurz über dem Fußboden kaum zu erkennen.

Großpackungen verhindern ebenfalls den Preisvergleich, insbesondere wenn sie als «Sonderangebot» angepriesen und meist prominent platziert werden, während kleinere und preiswertere Produktvarianten an ganz anderer Stelle zu finden sind. Bei Untersuchungen im Labor reagierten die Testpersonen ganz im Sinne der Marketingstrategen: Sobald ein Schild mit der Aufschrift «Sonderangebot» die Waren schmückte, griffen sie zu, ohne den Preis zu überprüfen. Der Grund für diese intuitive Fehlentscheidung ist nach Vermutung der Wissenschaftler eine Fehlschaltung im Gehirn; die Vernunft wird bei Anblick des Schildes sozusagen ausgeschaltet.[18]

Eine weitere unfaire Methode, um Preiserhöhungen durchzusetzen, ohne den Kunden darüber zu informieren, ist die Verringerung der Füllmenge. Die Hersteller belassen den Preis und verkleinern die Verpackung, verkaufen also die Ware zum gleichen Preis, aber mit deutlich weniger Inhalt. Detailliert gehen wir in Kapitel *Mogelpackungen: Beliebte Tricks der Verpackungsstrategen*, S. 48, auf diese Praktiken ein.

4. Gewichtsangaben stimmen immer

Irrtum:

Man muss nicht nachwiegen: Auf die Gewichtsangaben der Verpackung, des Waage-Bons oder des Kassenzettels kann man sich verlassen.

In vielen Produkten ist weniger enthalten als angegeben. Insbesondere Speiseöl, Spirituosen oder Milcherzeugnisse sind oft zu gering befüllt; im Schnitt enthalten sechs Prozent aller Produkte weniger, als auf der Verpackung angegeben ist. Jede zehnte Brauerei füllt ebenfalls zu wenig in die Flasche.

Insgesamt werden nur 47 000 Kontrollen pro Jahr bei verpackten Lebensmitteln von den Deutschen Eichbehörden in Geschäften und bei den Anbietern gezogen. Das reicht nicht aus. Viele Unternehmen kassieren daher zu Unrecht, aber die Behörden geben die «schwarzen Schafe» nicht bekannt, weil sie rechtliche Auseinandersetzungen fürchten und die derzeitigen Rahmenbedingungen, die von der Politik beispielsweise durch das Verbraucherinformationsgesetz geschaffen wurden, eine Veröffentlichung nicht zulassen.

Beim Abwiegen von loser Ware, zum Beispiel Schinken auf Papier oder Erdbeeren im Schälchen, werden Kunden ebenfalls oft betrogen, da bei vielen Waagen eine Tara-Einstellung fehlt, mit der es möglich ist, das verwendete Verpackungsmaterial gemäß der Vorschrift abzuziehen.

5. Gewinnspiele machen Spaß. Sie haben auch etwas Persönliches; im Glücksfall bekommen Sie ein schönes Geschenk

Irrtum:
Sie hoffen, die Haushaltskasse aufbessern zu können oder durch einen Gewinn überrascht zu werden, zumal das Lösungswort leicht herauszufinden ist.

Das ist die Wahrheit:
Der Spaß kann schnell vorbei sein, wenn Sie nach Internetgewinnspielen Spam-Mails bekommen. Rechnen Sie auch mit vermehrter postalischer Werbung, da Ihre Adresse möglicherweise an andere Werbetreibende verkauft wird.

6. Kundenkarten helfen sparen

Irrtum:

Vergünstigungen, Rabatte, ermäßigte Eintritte oder Treuepunkte zum Sammeln winken. Das entlastet die Haushaltskasse.

Das ist die Wahrheit:

Bereits im Antragsformular geben Sie Informationen über sich preis, zum Beispiel Adresse, Haushaltsgröße, Alter und Durchschnittsverdienst. Sie werden zum «gläsernen» Konsumenten mit einem bestimmtem «Kundenprofil», da jeder Einkauf Spuren hinterlässt und Ihre Kaufgewohnheiten gespeichert werden.

Anbieter wollen gezielt in die Lebenswelt der Kunden eintauchen; der Fachbegriff lautet «Mikromarketing». Nicht die Masse wird analysiert, sondern jeder einzelne Konsument.[19] Wenn Sie also häufig Babymilch kaufen, erhalten Sie Informationsmaterial über zahlreiche ähnliche Produkte, zum Beispiel über Babykosmetik oder Breie.

Die Produkte aus Prämienkatalogen, die man mit «Treuepunkten» oder Ähnlichem bestellen kann, sind häufig nutzloser Schnickschnack und ihr Geld nicht wert. So freut sich der Handel: «Treuepunkte für Kunden – Umsatzpunkte für Sie!»[20]

7. Kinderfreundliche Inhaber stellen Mini-Einkaufswagen zur Verfügung

Irrtum:

Die Kinder quengeln weniger und langweilen sich nicht, sondern sind aktiv am Einkauf beteiligt.

Das ist die Wahrheit:

Unsere Jüngsten können «Kinder-Lebensmittel» wie Kinderriegel oder gesüßten Quark (meistens auf ihrer Augenhöhe) so gleich selbst in ihren Einkaufswagen laden. Sie sind die Supermarktkunden von morgen; also versuchen Hersteller frühzeitig, ihre Markenprodukte wie Süßwaren oder Limos nachhaltig im Gedächtnis der Kinder zu verankern. Sie gewöhnen sich an den Geschmack, an die Bilder und die Firmenlogos. Außerdem rechnen die Inhaber damit, dass die gesamte Familie mehr «Ladefläche» hat und somit mehr kauft.

8. Große Einkaufswagen haben keinen Einfluss auf das Kaufverhalten

Irrtum:
Die Größe des Wagens ist egal, entscheidend ist, was man einkaufen will.

Das ist die Wahrheit:
Den Einfluss der Wagengröße auf Ihren Einkauf sollten Sie nicht unterschätzen. Sie nehmen in großen Einkaufswagen unbewusst mehr Ware mit, denn selbst viele Lebensmittel verlieren sich in einem großen Wagen – und wenig Ware erweckt den Eindruck, der Aufwand für das Einkaufen habe sich gar nicht gelohnt.[21]

9. Die Preise der Produkte sind in den Filialen einer Kette immer gleich

Irrtum:
Es ist egal, in welcher Filiale man einkauft.

Das ist die Wahrheit:
Je nach Lage und Wettbewerbssituation können die Preise schwanken. Je stärker der Konkurrenzdruck ist (wenn zum Beispiel zwei unterschiedliche Drogeriemärkte nebeneinander liegen), umso niedriger können die Preise sein. Eine Filiale in Alleinstellung verlangt mitunter höhere Preise.

Mit allen Sinnen einkaufen: Beduftung und Supermarktradio

Nicht nur Ihren Augen, sondern auch Ihren Ohren und Ihrer Nase wird in Verkaufsräumen einiges zugemutet: Ausgetüftelte Klangteppiche oder angenehme Düfte sollen Kaufimpulse auslösen, das Wohlbefinden und somit die Kauflaune verbessern.

Akustische Dauerbeschallung

Gesundheitlich nicht problematisch, aber sehr lästig kann das sogenannte «Supermarktradio» sein. Die Musik wird zielgruppenspezifisch ausgewählt: Morgens richtet man sich an Hausfrauen und Rentner, abends an Jugendliche und Berufstätige. Dieser strategische Einsatz von akustischen Reizen dient dazu, die Atmosphäre zu verbessern und den Käufern «bestimmte Bedürfnisse zu infiltrieren», so die Werbestrategen. Ob Kunden wirklich mehr Krabbensalat kaufen, wenn Shantys von der Nordseeküste durch den Laden klingen, ist in deutschen Studien nicht bewiesen worden, aber einer amerikanischen Untersuchung zufolge kauften Kunden, begleitet von klassischer Musik – den *Vier Jahreszeiten* von Vivaldi –, dreimal teureren Wein als bei Popmusik.[22] Eine als positiv empfundene Musik kann ein besseres Wahrnehmungsklima schaffen und somit die Reaktionen auf die Werbung positiv beeinflussen. Das kann dazu führen, dass gutgestimmte Kunden sich, ihre Lieblingsmusik im Ohr, bei Kaufentscheidungen auf oberflächliche Aspekte verlassen, während schlechtgestimmte Kunden genauer hinsehen und ihre Kaufentscheidung eher zögerlich treffen.[23]

Langsame Musik kann auch Ihr Schritttempo bremsen; aus

diesem Grund werden Sie im Supermarkt auch niemals Techno hören.

Doch diese «Wohlfühlmusik», alle paar Minuten unterbrochen durch Werbedurchsagen, kann für gestresste, hörgeschädigte oder unter Reizüberflutung leidende Personen zum Problem werden. Insbesondere in den Städten sind Menschen einem ständigen Geräuschpegel ausgesetzt, was zu Erschöpfung, Stress und akustischer Übersättigung führt, und viele sind froh, wenn sie der Musikberieselung entfliehen können. Dennoch scheint die Strategie zu funktionieren; auch wenn sich viele Kunden vordergründig von der Musik im Supermarkt gestört fühlen, werden auch sie davon unbewusst zum Konsum angeregt.

Eine geeignete Gegenstrategie ist der gezielte Boykott der akustisch beworbenen Waren. Wenn viele Kunden bei den Supermarktbetreibern Beschwerde einlegen, wird das «Supermarktradio» mit Werbeeinblendungen schnell abgeschaltet, weil es sein Ziel verfehlt.

Der Duft der großen weiten Supermarkt-Welt

Sicherlich kennen Sie den «Backeffekt» – wenn man an einer Bäckerei vorbeigeht und plötzlich der Duft von frisch Gebackenem in die Nase steigt, möchte man sofort in ein knuspriges Croissant beißen. Diese «Angriffe aus der Luft» wirken unmittelbar in den Bereichen Ihres Gehirns, die Emotionen und Gelüste steuern. Düfte sind nicht nur pure Sinneslust, sondern hochspezifische Signale für den Körper. Sie helfen dem Gehirn, Erlebnisse zu speichern und zu verarbeiten, daher können Düfte starke Kaufimpulse auslösen. Diese Form der Beeinflussung nennen Marketingstrategen «Duftmarketing» und sehen darin eine zukunftsweisende Verkaufsmethode.

Doch nicht nur frische Brötchen, sondern auch spezielle

Geräte, die in Belüftungsanlagen oder Klimaanlagen integriert sind, verbreiten Düfte. Aromasäulen oder Duft-Terminals sind eine weitere Möglichkeit der Beduftung. Auf unterschiedlichen Wegen werden Duftnuancen in die Luft abgegeben oder mit Frischluft vermischt. Meistens können Sie diese Geräte nicht sehen, da sie im Verborgenen «arbeiten»; mit ihrer Hilfe kann sogar eine Hinwendung zur Duftquelle bewusst gesteuert werden, wenn Sie sich zum Beispiel den höherpreisigen Produkten zuwenden sollen. So locken Zimt- und Nelkengerüche zu den Weihnachtsartikeln, die saisonal bedingt teurer sind als Standardprodukte im Süßwarenbereich.

Studien haben gezeigt, dass Kunden 16 Prozent mehr Zeit in bedufteten Räumen verbringen und für sechs Prozent mehr Umsatz sorgen, wenn man ihrer Nase Gutes tut. Daher riecht es im Frühjahr nach süßlichen Blüten (Maiglöckchen oder Jasmin), im Sommer nach erfrischenden Zitronen, nach Sonne, Sand und Meer oder im Herbst nach Fichtenwald. Zu den beliebten Düften gehören Vanille, Erdbeere, Lavendel, Orange oder Zitrone. «Knapp unterhalb der Wahrnehmungsgrenze funktioniert das Beduften besonders gut», freute sich kürzlich der Geschäftsführer einer Duftagentur, der die Auftraggeber für seine Arbeit streng geheim hält.[24]

Doch Umwelt- und Gesundheitsämter warnen vor dem großflächigen Einsatz von Duftstoffen,[25] insbesondere wenn die Düfte unterschwellig wirken und nicht bewusst wahrgenommen werden können – ein großes Problem für Asthmatiker und Allergiker. Zumal sie an der Eingangstür eines Supermarktes keinen Hinweis auf die Verwendung von Duftstoffen finden werden. Knapp acht Prozent der getesteten Bevölkerung leidet an Duftstoffallergien – die zweithäufigste Allergenisierungsrate überhaupt (nur Nickel wirkt noch allergener).[26]

Inwieweit die geringen Konzentrationen, die beim Duftmarketing zum Einsatz kommen, der Gesundheit schaden, ist noch nicht endgültig erforscht; für gesunde Menschen scheinen sie unschädlich zu sein. Der deutsche Allergie- und Asthmabund weist allerdings darauf hin, dass überempfindliche Menschen auch leiden, wenn nur «ein Hauch Duft-Aroma» in der Luft liegt.[27] Die festgestellten Beschwerden reichen von Unwohlsein und Kopfschmerzen bis hin zu Kreislaufproblemen. Viele Menschen sind ohnehin ständig von unterschiedlichen Düften umgeben; so werden in Produkten des täglichen Bedarfs, in Waschmitteln, Parfüms oder Reinigungsmitteln, über 2500 unterschiedliche Duftstoffe eingesetzt. Wenn die Atemluft beim Einkaufen ebenfalls mit Duftstoffen angereichert ist, kann dies für viele Menschen eindeutig zu viel werden. Duftmarketing wird allerdings aufgrund der zunehmenden technischen Möglichkeiten immens an Bedeutung gewinnen.[28]

Während die allgemeine Raumbeduftung zurzeit ohne jegliche neutrale Kontrolle oder Einschränkung stattfindet, weil es keine geeigneten Messmethoden, keine gesetzlichen Vorgaben oder Normen gibt, ist die gezielte Beduftung einzelner Lebensmittel eindeutig verboten. Beispiel: Künstlicher Erdbeer-

§ 11 Lebensmittel-, Bedarfsgegenstände- und Futtermittelgesetzbuch: Es ist verboten, Lebensmittel unter irreführender Bezeichnung, Angabe oder Aufmachung gewerbsmäßig in den Verkehr zu bringen.

aromenduft neben den Erdbeeren über eine Duftsäule zu verbreiten, wäre eine unzulässige Täuschung der Kunden.

Leider bietet diese gesetzliche Verordnung wenig Möglichkeiten, Verstöße zu ahnden, da es für die Lebensmittelüberwachungsbehörden schwierig ist, die Beeinflussung der Kunden zu beweisen. Daher sollte auf Duftmarketing in Supermärkten verzichtet werden. Sollte dieses wichtige Verbraucheranliegen nicht durchsetzbar sein, muss zumindest eine Kennzeichnung an der Eingangstür erfolgen, damit Allergiker beduftete Läden meiden können.

Der schöne Schein eines Produktes: König Kunde wird getäuscht

Fachleute sprechen im Supermarkt von einer sogenannten «passiven» Verkaufssituation: Ein individueller Austausch mit einem Verkäufer findet nicht statt, das Produkt verkauft sich «von allein». Der Kunde gelangt zufällig in Kontakt mit der Ware oder hat den Kauf vorab geplant. Das Verpackungsdesign, die Produktinformationen und die Verkaufsförderungsmaßnahmen werden daher so gestaltet, dass es möglichst viele Spontankäufe, also «zufällige Kontakte» gibt, aber gleichzeitig auch Markenbindung entsteht.

Entschlüsseln Sie mit uns ein paar Werbebotschaften und durchschauen Sie neben den sprachlichen Tricks auch die Wirkung der verwendeten Farben.

Produkt	Daran sollen Sie denken ...	... und das kann die Wahrheit hinter dem schönen Schein sein.
Fruchtsaftgetränk	Die rote Sonne, die im Meer versinkt, hat vorher die saftigen Früchte zum Reifen gebracht ...	Eher versinken Zuckerwürfel im Wasser des Getränks – wenig Saft (Untergrenze sechs Prozent bei Zitrusfrüchten), viel Zucker.
Schokolade, speziell für Kinder	Zu viel Schokolade ist zwar nicht gut für Kinder, aber eine spezielle Kinderschokolade mit viel Milch muss viel Gutes enthalten ...	Auch diese Schokoladen bestehen circa zur Hälfte aus Zucker und zu einem Drittel aus Fett und sind sehr kalorienreich. Trotz schöner Bilder von gesunder Milch auf der Verpackung kann man in der Zutatenliste nur Magermilchpulver finden.
Quarkzubereitungen für Kinder	Viele gesunde Früchte und Milchprodukte sind auf die gesundheitlichen Bedürfnisse meiner Jüngsten optimal abgestimmt ...	Es handelt sich meistens um gesüßte Quarkspeisen. Obwohl die Früchte im Vordergrund stehen, sind sie nur zu einem Anteil von bis zu sechs Prozent im Produkt enthalten. Pro Becher können das lediglich drei Gramm, zum Beispiel eine sechstel Erdbeere sein.

Nussnougat-cremes	*Das Glas ist voller Nüsse ...*	*Das Glas ist hauptsächlich voller Zucker und Fett, die meisten Sorten enthalten gerade mal 13 Prozent Nüsse.*
Kalorien-reduzierte Lebensmittel	*Obwohl Sie abnehmen wollen, dürfen Sie zumindest diese Lebensmittel immer essen. Endlich wird Ihnen nichts mehr verboten!*	*Sie essen zwar kalorienreduziert, aber ohne jedes Limit können auch diese Lebensmittel zu viel werden.*
Fruchtgummis oder Bonbons mit wertvollen Vitaminen und Fruchtsaft	*Wenn die Süßigkeiten mit Vitaminen und Fruchtsaft angereichert sind, dann können sie auch nicht so ungesund sein ...*	*Diese Naschereien werden durch Vitamine nicht gesünder, der hohe Zuckergehalt (häufig um die 80 Prozent) schadet den Zähnen und kann Übergewicht begünstigen.*
Alkoholhaltige Stärkungsmittel	*Bei einigen Produkten kommt die jahrhunderte-alte Kompetenz der Nonnen und Mönche zur Anwendung. Die Wirkung von pflanzlichen Heilmitteln ist hinter Klostermauern vielfach erprobt worden ...*	*So manches Stärkungsmittel enthält sehr viel Alkohol – bis zu 80 Prozent! Bei dauerhafter innerlicher Anwendung und möglicher Überdosierung besteht die Gefahr von Leberschäden und Alkohol-abhängigkeit.*
Sportlerprodukte	*Allein durchs Essen dieser Müslis oder Suppen wird man fit und bekommt vielleicht sogar einen Waschbrettbauch ...*	*Der Waschbrettbauch oder die schlanke Linie wird sich nicht allein durchs Essen einstellen.*

Quelle:[29]

Linguistische Bestandteile von Markennamen

Wundern Sie sich manchmal über die schönen und klangvollen Namen? Auch dahinter steckt Methode, denn ein einprägsamer Produktname, den man möglicherweise schon als Kind gehört hat, verstärkt die Bindung an die jeweilige Marke.

Fachausdruck	Beispiel	Das soll bewirkt werden
Alliteration (Gleichlautender Anlaut bei mehreren aufeinanderfolgenden Wörtern)	Coca Cola, Petri Petrella, Viva Vital	Die Namen sind einfach, schnell zu merken und prägen sich nachhaltig ein. Lebensmittel oder Kosmetika ohne speziellen Produktnamen mit gewöhnlichen Bezeichnungen wie Zahncreme oder Möhren wirken langweilig und gewöhnlich und sind austauschbar, weil sie sich nicht auf einen bestimmten Hersteller beziehen.
Assonanz (Vokalwiederholung)	Eickmeyer, Ferrero, Foot Loops, Milsani, Alnatura, Elmex, Aronal, Fanta, Hansano, Maoam, Frubidu, Alete, Hanuta, Bacardi	
Einsilbiger Reim	BioBio, M&M's	
Unreine, schwache Reime	Milky Way, Kit Kat	
Akronyme (Abkürzungen)	Eduscho (Firmengründer Eduard Schopf), Haribo (Firmengründer Hans Riegel, Bonn), ALDI (Albrecht Discount), Edeka (Einkaufsgemeinschaft deutscher Kolonialwarenhändler)	
Personifizierung	McDonald's, Uncle Ben's, Käpt'n Iglo, Meister Proper	Ein seriöser, sympathischer Mensch, der einer attraktiven sozialen Gruppe angehört, zum Beispiel ein Kapitän oder Akademiker, bürgt für die Qualität dieser Produkte. Das wirkt vertrauenerweckend. Die Kunstfigur «Meister Proper» gilt seit Jahrzehnten als Saubermann der Werbung.
Metapher	Frosta (von Frost für Tiefkühlkost), Iglo (von Iglu der Eskimos)	Auf dem ersten Blick soll durch den Namen eine schnelle, gedankliche Verbindung zu dem Produkt erfolgen.

Quelle:[30]

Dass diese Marketingstrategie funktioniert, zeigen die Markennamen, die wir so nachhaltig in unseren Wortschatz aufgenommen haben, dass nicht die ursprüngliche Bezeichnung, sondern der Markenname zum Synonym für eine Warengruppe wird. Sagen Sie auch statt «Papiertaschentuch» einfach *Tempo*, statt

«Höschenwindeln» *Pampers*, statt «durchsichtiges Klebeband» *Tesa* oder statt «Flüssigklebstoff» *Uhu?*

Farben wirken als Geschmacksvorgaben

Die Farbgebung der Verpackung trägt zur geschmacklichen Beurteilung eines Produktes bei, das haben unterschiedliche Studien mit Testpersonen ergeben.

Daher wird auch hier nichts dem Zufall überlassen. Viele Bonbontüten sind rosa, Chipstüten oftmals rot eingefärbt – für welche geschmacklichen Assoziationen die Farben stehen, haben wir in der folgenden Tabelle zusammengestellt.

Farbe	Geschmacksvorstellung
gelb, grünlich	sauer, bitter, erfrischend
gelb, rötlich	süß
grün	bitter, salzig, herb, kühl
blau	erfrischend-kühl, neutral
rot	würzig brennend, süß, kräftig, scharf
rotbraun	knusprig
rosa	süßlich
violett	bitter
türkis	saftig, frisch bis salzig
weiß	mild, salzig
orange	herzhaft
braun	herb

Quelle:[31]

Werbebotschaften, Gütezeichen und Testergebnisse richtig deuten

Der Werbung für Lebensmittel zu entrinnen, ist fast unmöglich, da die Ernährungsindustrie und der Einzelhandel Sie in allen Medien mit aufwendigen Kampagnen überfluten. 2,7 Milliarden Euro gab allein die Deutsche Ernährungsindustrie 2006 für Werbeaufwendungen aus, über 30 Euro für jeden Bundesbürger, ob Greis oder Säugling. Der größte Anteil (21 Prozent) wird in die Produktgruppe Schokolade und Süßwaren investiert, so die offiziellen Zahlen des *Industrieverbandes Bundesvereinigung der Deutschen Ernährungsindustrie*. Auch der Einzelhandel lässt sich nicht lumpen und greift tief in die Tasche, wenn es um Werbung vor allem in den Printmedien geht. Allein die Discounter gaben 2006 über 750 Millionen Euro aus.

Und die Werbung wird auf den Lebensmitteln fortgesetzt – fast alle Packungen sind mit einem Siegel, einem speziellen Logo, einem Qualitätsstempel oder entsprechenden Werbeaussagen verziert, die Sie von der besonders hohen Qualität des Produktes überzeugen sollen. Da gibt es «das Beste jeden Morgen» im Regal für Cerealien, es werden «nur die besten Kartoffeln» für die Chips ausgewählt und das Deo «riecht noch besser». Ein Anbieter von Balsampflegetüchern für Babys versichert sogar, dass es «keine Tränen mehr» gibt. Die Liste der Versprechungen ist fast unendlich. Doch was steckt wirklich hinter diesen Sprüchen? Welchen Aussagen kann man vertrauen, und welche sind mehr Schein als Sein? Schauen wir uns die Werbebotschaften doch einmal genau an.

Premium

Das Wort «Premium» ist aus dem Englischen entlehnt und heißt wörtlich übersetzt «erstklassig» oder «hochwertig». Das bekannteste Beispiel für die inflationäre Verwendung dieses Begriffs ist der geräucherte Lachs. Fast kein Produkt im Regal, bei dem nicht auf die «Premium-Qualität» des Fischs hingewiesen wird. Es gibt keine rechtlichen Grundlagen, die diesen Begriff definieren und schützen, und er kann quasi von jedem Anbieter verwendet werden. Besonders dreist: In den *Leitsätzen für Fische, Krebs- und Weichtiere und Erzeugnisse daraus* wird für die Verwendung von Begriffen wie «Delikatess», «Feinkost», «Extra» oder «Fein» vom Gesetzgeber eine «besonders gute sensorische Qualität» verlangt. Diese Begriffe werden zugunsten des Ausdrucks «Premium» bewusst umgangen.

Fazit: wertlos und nichtssagend

Leitsätze werden von der Deutschen Lebensmittelbuch-Kommission erstellt. Dieser gehören Vertreter aus Wissenschaft, Lebensmittelüberwachung, Verbraucherschaft und Lebensmittelwirtschaft an. Leitsätze sind keine Rechtsnormen, sondern sollen die Verkehrsauffassung für bestimmte Lebensmittel beschreiben. Diese setzt sich au Handelsbrauch und Verbrauchererwartung zusammen.

«Unter regelmäßiger Kontrolle»

Diese Floskel soll für ein besonders hohes Maß an Lebensmittelsicherheit stehen. Nach den vielen Skandalen in den letzten Jahren möchten sich viele Anbieter mit solchen Aufdrucken das Vertrauen der Verbraucher sichern. Aber auch hier wird quasi mit Selbstverständlichkeiten geworben, da jeder Anbieter natürlich verpflichtet ist, seine Produkte regelmäßig zu kontrollieren, bevor sie in Ihrem Einkaufskorb landen. Meist fehlt auch die wichtige Information, was genau kontrolliert wird. Beispiel:

Eine regelmäßige Kontrolle wäre schon, die Äpfel vor dem Verkauf optisch dahingehend zu begutachten, ob sie rein äußerlich ohne Fehler sind. Viel wichtiger wäre aber eine Prüfung auf den Gehalt von Pestiziden oder anderen Schadstoffen.

Fazit: wertlos, Werbung mit Selbstverständlichkeiten

«Verbesserte Rezeptur»

Diese Aussage scheint eindeutig – aber ihre Verwendung grenzt schon an Betrug, da eine genauere Überprüfung der Inhaltsstoffe manchmal das Gegenteil beweist. Beispiel: Ein Milchbrei, der auf der Zutatenliste exakt die gleichen Zutaten wie zuvor aufwies, wurde mit dieser Auslobung ausgezeichnet, genauso wie der Austausch der natürlichen Zutat «Buttermilch» gegen «modifizierte Stärke» in einem Milchmischgetränk den Verbrauchern als eine Verbesserung der Qualität verkauft wurde.

Lassen Sie sich von solchen Formulierungen nicht in die Irre führen. Überprüfen Sie anhand der Zutatenliste, ob wirklich Verbesserungen in Ihrem Sinne durchgeführt wurden.

Fazit: teilweise irreführend

Zutaten: 71,4 % Eiernudeln (Weizendunst, Weizenmehl, Eigelb, Hühnerei-Eiweiß), JODsalz, Rindfleisch, Stärke, pflanzliches Öl (gehärtet), Fleischextrakt, Gemüse (Zwiebeln, Tomaten, Karotten), Gewürze, Kräuter (mit Sellerie), Aroma, Zucker, Hefeextrakt, Hühnerei-Eiweißpulver, pflanzliches Eiweiß, biologisch aufgeschlossen (Weizeneiweiß, Salz), Geschmacksverstärker (Guanylat, Inosinat), karamellisierter Zucker, Maltodextrin. [Spuren: Milch, Soja, Senf]

Rindfleischsuppe mit mehr Salz als Rindfleisch: Geschmacksverstärker, Zucker, Maltodextrin, gehärtetes Öl, Aromen. Wo sind hier die ausgewählten Zutaten?

«Mit ausgewählten Zutaten»

Auch von solchen «ausgezeichneten» Lebensmitteln können Sie sich keine bessere Qualität versprechen – eine abgedroschene Phrase, die zum Standardrepertoire eines jeden Marketingmitarbeiters gehört.

Fazit: wertlos und nichtssagend

«Aus sonnengereiften Früchten»

Dass zum Beispiel ein Orangensaft aus sonnengereiften Früchten hergestellt wird, sollte man als Kunde erwarten können! Auch wenn beim Reifen zum Teil nachgeholfen wird (zum Beispiel mit dem Gas Ethylen bei Bananen), ist diese Formulierung nichtssagend und lässt keinen Rückschluss auf die Qualität des Produktes zu.

Fazit: wertlos, Werbung mit Selbstverständlichkeiten

Idyllische Bilder vom Land

In der Werbung sind Bilder noch viel wichtiger als Worte. Vor allem Wurst- und Fleischwaren werden gerne mit Abbildungen einer ländlichen Idylle beworben. Dass dies nicht den Umständen entspricht, unter denen die Tiere leben, wird den meisten Verbrauchern klar sein, aber ihre Wirkung erzielen die Bilder trotzdem. So belegen Untersuchungsergebnisse, dass mit der Produktverpackung bestimmte Vorstellungen über die Haltung der Tiere verbunden sind. Der *Verbraucherzentrale Bundesverband (vzbv)* stellte 2001 fest, dass über 20 Prozent der Befragten zum Beispiel bei einer Bauern-Mettwurst aus der Lüneburger Heide eine Freilandhaltung der Tiere assoziierten, obwohl dies äußerst unwahrscheinlich ist. Nicht nur die Werbung gibt ein falsches Bild von der Fleischerzeugung wieder – es fehlt auch eine klare und vertrauenswürdige Kennzeichnung bezüglich des Tierschutzes und zur Haltung. Dies ist auch das Ergebnis der jüngsten Eurobarometerbefragung 2005. Die Umfrage ergab, 54 Prozent der befragten Europäer finden es schwierig, geeignete Informationen über die bei der Lebensmittelherstellung angewandten Tierschutzkennzeichnungsstandards zu erhalten. 69 Prozent sind bereit, ihr Kaufverhalten zugunsten tiergerecht produzierter Lebensmittel zu verändern. Die EU-Kommission hat Anfang 2007 einen Aktionsplan zum Tierschutz vorgelegt; was davon umgesetzt wird, ist jedoch noch unklar. An erster Stelle der Agenda müssten ein Tierschutzsiegel nach dem Vorbild des Bio-Siegels und einheitliche gesetzliche Mindesttierschutzstandards für alle Tierarten in Europa stehen, damit sich die Kunden künftig beim Einkauf von Lebensmitteln informieren können. Wie notwendig das ist, zeigten aktuelle Berichte der Tierschutzorganisation *Vier Pfoten* im April 2007, mit denen sie auf katastrophale Missstände bei der Massenhaltung von Kaninchen zur Erzeugung von Kaninchenfleisch aufmerksam machten. Die Käfige sind so niedrig, dass ausgewachsene Tiere nur mit gekrümmten Rücken hocken, sich kaum bewegen können und auf dem blanken Drahtgitterboden ohne Stroh sitzen. Aber auch in der Schweinemast sind die Zustände alles andere als artgerecht. Auf Vollspaltenböden ohne Stroh mit wenig Platz (Mindestgröße: 0,65 Quadratmeter) fristen viele der über 25 Millionen Schweine in Deutschland ohne Beschäftigungsmöglichkeiten (Wühlen, Suhlen) ihr kurzes Dasein bis zum Weg auf die Schlachtbank.

Eine bessere und glaubwürdige Kennzeichnung wirkt sich auch auf das Kaufverhalten der Verbraucher aus. Seit der Einführung der Eierkennzeichnung zur Haltungsform stieg der Anteil der verkauften frischen Eier aus alternativen Haltungsformen (Bodenhaltung, Freilandhaltung, Ökohaltung) enorm an. Genauso beflügelte die Einführung des Bio-Siegels den Verkauf dieser Produkte.

Auf die Kennzeichnung von Eiern gehen wir im Kapitel *Eier: Kauf kein Ei mit «3»*, S. 114, ausführlich ein.

Gütezeichen: Helfen sie Ihnen weiter?

Gütezeichen sollen das Vertrauen des Verbrauchers wecken und ihn von der besonderen Qualität des Lebensmittels überzeugen, aber allein in der Warengruppe Fleisch gibt es eine Flut von Siegeln und Zeichen, sodass man schnell den Überblick verliert. Die Verbraucherzentralen haben 2005 über 70 Markenfleischprogramme zusammengestellt, was aber nur einem Bruchteil der vorhandenen Gütezeichen entspricht. Hier sollen exemplarisch zwei Beispiele bewertet werden.

QS – Ihr Prüfsystem für Lebensmittel: Konventionelle Massenware

Das QS-Prüfzeichen ist ein Siegel der konventionellen Lebensmittelwirtschaft und wird von einem Zusammenschluss aus Futtermittelherstellern, Landwirten, landwirtschaftlichem Handel, Schlacht- und Zerlegebetrieben, Verarbeitungsgewerbe und Groß- und Einzelhandel getragen. Gesellschafter sind zum Beispiel der *Deutsche Bauernverband (DBV)* und die *Centrale Marketing-Gesellschaft der deutschen Agrarwirtschaft mbH (CMA)*. Das Prüfzeichen soll dazu dienen, nach dem Chaos der BSE-Krise das verloren gegangene Vertrauen der Kunden in Fleisch- und Fleischprodukte zurückzugewinnen. Neuerdings gibt es das Zeichen auch für Obst, Gemüse und Kartoffeln. Die Buchstaben Q und S stehen für Qualität und Sicherheit. Ist der Name auch Programm?

QS soll für stufenübergreifende Qualitätssicherung und -kontrolle vom Futtertrog bis zur Ladentheke sorgen, indem detaillierte Produktionskriterien und -standards auf allen Produktionsstufen festgeschrieben sind. Diese basieren zumeist auf den gesetzlichen Mindestanforderungen. Alle Betriebe unterliegen einer umfangreichen Dokumentationspflicht zur Eigenkontrolle und externen Kontrolle. Die Rückverfolgbarkeit vom Handel bis zum Futtermittelproduzenten soll gewährleistet werden. Schwerwiegende Verstöße können zum Ausschluss aus dem Programm führen.

Die Werbung für mit dem QS-Siegel ausgezeichnete Programme erweckt den Anschein, dass es sich um qualitativ hochwertige Lebensmittel handelt. Aber für die Verbraucher relevante Qualitätskriterien kommen im Programm zu kurz: So spielt der Tierschutz nur eine untergeordnete Rolle, der Verzicht auf Einsatz von gentechnisch manipulierten Futtermitteln ist nicht vorgeschrieben. Deshalb ist das QS-Siegel ein Prüfzeichen und kein Gütesiegel für bessere Qualität.

Fazit: Unter dem QS-Siegel erhalten Verbraucher konventionelle Massenware, die durch zusätzliche Prüfungen besser kontrolliert ist. Dass dies nicht immer ausreicht, beweisen die Skandale, die auch nach der Einführung des QS-Zeichens weiterhin aufgedeckt wurden: So wirft die Verbraucherschutzorganisation *Foodwatch* dem QS-System vor, zum Teil dioxinbelastete Futtermittel verwendet zu haben, und Tierschutzverbände bemängeln Missstände in den Ställen einzelner QS-Betriebe. Auch die Unabhängigkeit von Zeichengeber und -nehmer ist nur bedingt vorhanden, es handelt sich eher um eine brancheninterne Selbstkontrolle.

Lebensmittel TÜV geprüft: Ist wirklich TÜV drin, wo TÜV draufsteht?

 Die allen Autofahrern bekannte Prüforganisation *TÜV (Technischer Überwachungsverein) Süd* ist jetzt auch als Zertifizierungsstelle für Lebensmittel tätig. Unter Zertifizierung versteht man ein Verfahren, mit dessen Hilfe die Einhaltung bestimmter Standards garantiert werden soll. Die erste vom TÜV zertifizierte Schokolade wurde auf der Süßwarenmesse Januar 2007 vorgestellt und trägt das Siegel «Geprüfte Qualität». Weitere Produkte aus der milch- und fleischverarbeitenden Industrie sollen folgen. Die Anbieter versprechen sich vor allem eine stärkere Aufmerksamkeit und ein höheres Sicherheitsgefühl aufseiten der Verbraucher. Der TÜV besitzt bei den Konsumenten höchste Anerkennung; eine Marktstudie von Infratest ergab, dass 72 Prozent der Bevölkerung dem TÜV «voll vertrauen».

Prinzipiell müssen solche Gütezeichen richtig eingeordnet werden, um keine falschen Erwartungen bei den Verbrauchern zu wecken, denn die Vorteile für beide privatwirtschaftlichen Unternehmen liegen auf der Hand: Für das Lebensmittelunternehmen entstehen Marketingvorteile durch die positiven Assoziationen der Kunden mit einem TÜV-Logo, und für den TÜV ergeben sich neue profitable Geschäftsfelder.

Der TÜV zertifiziert im Gegensatz zu QS einzelne Produkte und nicht einen ganzen Betrieb. Kontrolliert werden die Produktionsabläufe (Systemprüfung), teilweise auch unangekündigt. Von den Zutatenlieferanten werden wiederum Zertifikate, zum Beispiel von QS, verlangt. Weitere Vorstufen in der Herstellungskette wie etwa die Futtermittelproduktion überprüft der TÜV nicht. Zur Sicherung der Zertifizierung führt er im Nachhinein Produktanalysen durch, indem er die Lebensmittel verdeckt im Supermarkt einkauft und untersucht. Doch die

Prüfkriterien gehen kaum über die gesetzlichen Mindeststandards hinaus. Im Falle eines Wurstsalats würde er beispielsweise das Produkt auf gesundheitsgefährdende Keime oder seinen Fleischeiweißgehalt prüfen.

Das gesamte System bringt den Verbrauchern mehr Sicherheit aufgrund zusätzlicher Kontrollen – wenigstens auf dem Papier. Ob aber substanzielle Defizite dadurch aufgedeckt werden, bleibt abzuwarten. Denn Zertifizierungen stellen für die Lebensmittelunternehmen einen enormen Kostenfaktor dar und für das Zertifizierungsunternehmen ein Geschäft. Ähnlich wie beim QS-System bleiben verbraucherrelevante Qualitätskriterien zum Tierschutz oder der Verzicht auf Gentechnik außen vor.

Fazit: Solange keine staatlich festgelegten Kriterien für Gütezeichen vorhanden sind, bleibt der unübersichtliche Dschungel an Siegeln, die oft nur einzelne Aspekte bei der Herstellung berücksichtigen.

Zeichen für bestimmte Eigenschaften eines Produktes

Andere Labels beleuchten nur ganz bestimmte Teilaspekte eines Lebensmittels. Zwei davon sollen hier vorgestellt werden.

V-Label: Das Zeichen für Vegetarier

Immer mehr Menschen möchten sich vegetarisch ernähren. Die Aufmachung von vielen Fertigprodukten lässt auch darauf schließen, dass es sich um vegetarische Produkte handelt, doch dieser Eindruck trügt: Tomatensuppe, Gemüsepizza, Rotkohl – diese vermeintlich vegetarischen Produkte können sich beim näheren Hinschauen als Fallen entpuppen, denn sie enthalten Rindertalg oder Schweineschmalz.

Das *V*-Label für vegetarische Produkte ist ein vertrauenswürdiges Siegel, das Lebensmittel kennzeichnet, die keine Bestandteile von getöteten Tieren enthalten. Verwendete Produkte von lebenden Tieren werden möglichst tiergerecht erzeugt. Dieses Label hat vier Kategorien:

- ovo-lakto-vegetarisch (mit Milch und Eiern)
- ovo-vegetarisch (mit Eiern, ohne Milch)
- lakto-vegetarisch (mit Milch, ohne Eier)
- vegan / rein pflanzlich (ohne jegliche tierische Produkte)

In Deutschland wird das Label vom *Vegetarischer Bund e.V.* vergeben, das *V*-Label ist aber auch in vielen anderen europäischen Ländern bekannt. Unabhängige Kontrollen der Produkte auf ihre Inhaltsstoffe gewährleisten den Qualitätsstandard und machen die Kennzeichnung glaubwürdig. Der einzige Nachteil ist die geringe Verbreitung des Zeichens.

Thunfischkonserven ohne Reue einkaufen

 Thunfische werden zum Teil mit kilometerlangen Treibnetzen gefangen, in denen sich viele weitere Meerestiere wie zum Beispiel Delfine, Robben, Schildkröten verfangen können. Dieser Beifang ist nutzlos, und die verletzten oder toten Tiere werden wieder über Bord geworfen. Bei einer anderen Fangmethode werden Delfinschwärme eingekreist, um die unter ihnen schwimmenden Gelbflossenthunfische zu fangen. Viele Verbraucher lehnen solche Fangmethoden ab und möchten nur Thunfischkonserven kaufen, deren Herstellung nicht den Tod oder die Verletzung vieler Delfine verursacht.

Thunfischkonserven mit dem Logo *Safe* sind die richtige Wahl, da für diese Produkte nur Thunfische verarbeitet werden, die nach den Bedingungen des *Earth Island Institute (EII)* gefangen wurden, einem international anerkannten Kontrollprogramm zum Schutz von Delfinen. Die teilnehmenden Händler und Importeure verpflichten sich, Thunfische nicht mit Treibnetzen oder durch Umkreisen von Delfinen mit sogenannten Ringwaden zu fangen.

Andere Logos, zum Beispiel ein durchgestrichener Delfin oder das Wort «delfinfreundlich», sind Mogelpackungen, da sie nicht geschützt sind und quasi von jedem Anbieter ohne Auflage verwendet werden können. Darauf weist auch die *Gesellschaft zur Rettung der Delfine (GRD)* hin. Glaubwürdige Informationen über die Fangweise von Thunfischen bietet nur diese Gesellschaft an. Auf einer Liste im Internet werden vertrauenswürdige Händler und Marken aufgeführt.[32]

Testergebnisse: Was ist davon zu halten?

Stiftung Warentest

Ein immer wichtigeres Marketinginstrument ist die Verwendung des Testurteils von *Stiftung Warentest*, falls das Produkt gut getestet wurde. Stand die Industrie den Ergebnissen früher eher skeptisch gegenüber, versucht sie jetzt gezielt Nutzen daraus zu ziehen, da 96 Prozent der Deutschen die Stiftung kennen und sich ein Drittel davon auf die Testergebnisse verlässt. Die große Akzeptanz der Ergebnisse hat mit der Seriosität, Unabhängigkeit und Neutralität der *Stiftung Warentest* zu tun, die nach einem Beschluss des Bundestages 1964 in der Spätphase des Wirtschaftswunders mit dem Ziel gegründet wurde, Verbrauchern durch objektive Testergebnisse die Kaufentscheidung zu erleichtern. Bis heute erhält die Stiftung staatliche Zuwendungen durch das *Bundesministerium für Ernährung, Landwirtschaft und Verbraucherschutz* (im Jahr 2006 circa 6,5 Millionen Euro) und darf keine Einnahmen durch Anzeigen erzielen.

Nicht alle Anbieter halten sich an die Empfehlungen der *Stiftung Warentest* hinsichtlich der Werbung mit Testergebnissen: Günstige Einzelaussagen werden anstelle der Bewertungen herausgestellt, oder es wird mit Test-Urteilen geworben, obwohl sich die Qualität der Produkte geändert hat. Ein gravierender Fall war die Werbung des Discounters *Lidl* mit dem Test-Qualitätsurteil «Gut» für ein Olivenöl der Güteklasse «Nativ extra». Der Discounter benutzte weiterhin das positive Urteil aus der *test*-Ausgabe 10/02, obwohl das inzwischen angebotene Olivenöl von einer deutlich schlechteren Qualität war.

Die schwarzen Schafe benutzen alte Testberichte statt der aktuellen und geben nicht an, wie viele Konkurrenzprodukte besser abgeschnitten haben. Ungefähr acht Fälle von unlauterer Werbung pro Monat beobachtet die *Stiftung Warentest* (Stand 2005), gegen die der *Verbraucherzentrale Bundesverband* in der Regel gerichtlich vorgeht.

Wer die Untersuchungsergebnisse richtig beurteilen will, muss sie genau studieren: Welche für mich relevanten Kriterien sind untersucht worden, welches Produkt schnitt dabei am besten ab?

Berücksichtigen sollten Sie auch, dass die Tests Monate zurückliegen und die Ergebnisse nur für die untersuchte Charge gelten. Naturprodukte wie zum Beispiel Olivenöl können in der Zwischenzeit mit anderen Rohstoffen erzeugt werden, was möglicherweise eine Verschlechterung der Qualität zur Folge hat. Übrigens sind Öko-Produkte nicht immer in der Spitzengruppe der Testsieger zu finden.

ÖKO-TEST

Das Verbrauchermagazin *ÖKO-TEST*, das es seit April 1985 gibt, erhält im Gegensatz zur *Stiftung Warentest* keine Unterstützung durch staatliche Stellen, sondern verkauft stattdessen Werbung und Anzeigen. *ÖKO-TEST* untersucht

hauptsächlich Schadstoffbelastungen im Produkt, produktrele-
vante Aspekte werden dagegen oft vernachlässigt.

Gerne schmücken Anbieter ihre Ware mit Hinweisen auf
gute Ergebnisse bei ÖKO-TEST, wobei das ÖKO-TEST-Label
nur nach Unterzeichnung eines Vertrages verwendet werden
darf, der die Kriterien für die Werbung festlegt.

Ein Beispiel dafür, dass das Label für eine wenig aussage-
kräftige Bewertung steht, ist der Test im ÖKO-TEST-Sonder-
heft «Ökulinarisch 2001», der in aktualisierter Form im Sonderheft «Best of Öko-Test 2001» nochmals veröffentlicht wurde.
Damals standen probiotische Joghurts auf dem Prüfstand. Sie
meinen, das sei ein alter Hut? Das stimmt nur teilweise, denn
der Hersteller von *Yakult* wirbt noch im Juli 2007 mit den Ergebnissen. So heißt es: «ÖKO-TEST hat *Yakult* einer eingehen-
den Prüfung unterzogen – und mit der Note ‹sehr gut› beur-
teilt.» Diese Aussage stellt das Ergebnis des Tests jedoch stark
verzerrt dar. Zehn probiotische Joghurts wurden untersucht,
alle erhielten die Note «Sehr gut». Bewertet wurden die Verpackung und die Inhaltsstoffe. Die Prüfung der Inhaltsstoffe
sah vor allem die Untersuchung auf mikrobiologische Verunreinigungen und Staphylcoccen (gesetzlich nicht erlaubt)
vor; der Geschmack wurde nicht bewertet, sondern lediglich
beschrieben – in diesem Fall als «wässrig, sehr süß, künstlich
nach Citrusaroma».

Eine weitere grundsätzliche Aussage von ÖKO-TEST, die bei
der Werbung unter den Tisch fällt, lautet: «Allerdings bedeutet
unser Urteil «Empfehlenswert» in diesem Test nicht, dass wir
probiotische Bakterien für gesünder als die üblichen Joghurt-
kulturen halten.» (Anmerkung: ÖKO-TEST verwandte in der
Erstveröffentlichung «Empfehlenswert» als beste Bewertung,
in der zweiten «Sehr gut».)

Halten Sie mit diesem Hintergrundwissen die Werbeaussagen
des Joghurt-Herstellers für seriös? Verbraucher, die es wirklich
wissen wollen, dürfen sich nicht von den verkürzten Hinweisen

blenden lassen, sondern müssen sich selbst ein Bild von den Testergebnissen machen.

Immer wieder fragen uns Verbraucher nach den Unterschieden zwischen den Untersuchungen von *ÖKO-TEST* und *Stiftung Warentest*: *ÖKO-TEST* konzentriert sich auf die Schadstoffbelastungen im Produkt, der Gebrauchswert wird dagegen vernachlässigt. Dadurch sind einige Tests sehr selektiv, und zum Teil fehlen umfassende Gesamturteile. Kosmetika werden selten auf die Vor- und Nachteile bei ihrer Anwendung getestet. *ÖKO-TEST* analysiert und bewertet einzelne Inhaltsstoffe und deren Schädlichkeit, *Stiftung Warentest* dagegen testet zusätzlich die Anwendung des Produktes.

Die unterschiedliche Bewertung des Bio-Olivenöls von *Naturata* schlug hohe mediale Wellen: *ÖKO-TEST* hatte im September 2004 die Note «Sehr gut» vergeben, *Stiftung Warentest* fällte im Oktober-Heft 2005 das Urteil «Mangelhaft». Ein Grund könnte sein, dass die untersuchten Öle aus verschiedenen Ernten stammten. Zusätzlich hatte *Stiftung Warentest* unter anderem nach Weichmachern gesucht – und wurde fündig. Bei *ÖKO-TEST* fehlte diese Untersuchung. Dadurch kommt es zum Teil zu konträren Untersuchungsergebnissen beim gleichen Produkt.

Tests von unabhängigen Verbrauchermagazinen sind prinzipiell gut und hilfreich. Wichtig ist aber, die Prüfparameter zu kennen, um sich ein genaues Bild von den Untersuchungen machen zu können. Die Note allein sagt manchmal zu wenig aus.

Weitere Zeichen auf den Lebensmittelpackungen

Identitätskennzeichen:
Falsche Erwartungen an dieses Zeichen

Seit Anfang 2006 müssen verpackte tierische Lebensmittel (Fleisch, Fisch, Milch und Erzeugnisse daraus) in der EU mit einem neuen ovalen Identitätskennzeichen gekennzeichnet werden. Es besteht aus

- dem Code für den Namen des Mitgliedsstaates, zum Beispiel DE für Deutschland (erste Zeile),
- der Kennung des Bundeslandes, zum Beispiel SN für Sachsen, und der Zulassungsnummer des Betriebes, in diesem Fall ist es die Molkerei Alois Müller GmbH & Co. KG (zweite Zeile),
- und der Abkürzung EG für Europäische Gemeinschaft (dritte Zeile):

Diese Angaben dienen in erster Linie der Lebensmittelüberwachung zur besseren Rückverfolgung. Kunden ziehen aus diesem Zeichen oftmals den Trugschluss, dass die Zutaten aus dem angegebenen Land stammen. Doch das ist falsch. Es bezeichnet nur den Sitz des Betriebes, der das Produkt be- oder verarbeitet hat. Die Zutaten können, müssen aber nicht von dort kommen.

Tabellen zur Entschlüsselung des Identitätskennzeichens

Bundesländer in Deutschland:	
BE = Berlin	NI = Niedersachsen
BB = Brandenburg	NW = Nordrhein Westfalen
BW = Baden Württemberg	RP = Rheinland-Pfalz
BY = Bayern	SL = Saarland
HB = Bremen	SH = Schleswig-Holstein
HE = Hessen	SN = Sachsen
HH = Hamburg	ST = Sachsen-Anhalt
MV = Mecklenburg-Vorpommern	TH = Thüringen

Ländercodes der EU (Beispiele)	
BE = Belgien	IE = Irland
DK = Dänemark	IT = Italien
DE = Deutschland	LU = Luxemburg
EL = Griechenland	NL = Niederlande
ES = Spanien	PL = Polen
FR = Frankreich	UK = United Kingdom

Übergangsfristen erlauben vor allem auf Fleisch und Fleischprodukten weiterhin Identitätskennzeichen der alten Sorte. Auf diesen finden Sie kryptische Abkürzungen zu den verschiedenen Betriebsarten:

ES = Schlachtbetrieb

EZ = Zerlegebetrieb

EV = Verarbeitungsbetrieb

EK = Kühl- oder Gefrierhäuser

EHK = Hackfleisch- u. Zubereitungsbetriebe

ESG = Geflügelschlachtbetriebe

EZG = Geflügelfleischzerlegungsbetriebe

EW = Wildbearbeitungsbetriebe

ESK, EZK = Hauskaninchenbetriebe

EUZ = Umpackbetriebe

SFB = Separatorenfleischbetriebe

Fischprodukte können die Abkürzungen EFB (Verarbeitungs-betriebe), EFG (Großhandelsmärkte oder Versteigerungshallen), EFS (Fabrikschiffe), EFGS (Gefrierschiffe), EMR (Reinigungszentren für lebende Muscheln), EMV (Versandzentren für lebende Muscheln), EFU (registrierte Umpackzentren) für Fischereierzeugnis- und Muschelbetriebe tragen.

Die in Deutschland zugelassenen Betriebe zur Verarbeitung von und zum Handel mit tierischen Lebensmitteln können beim Bundesamt für Verbraucherschutz und Lebensmittel-sicherheit im Internet unter http://btl.bvl.bund.de/index.cfm abgefragt werden.

Bis auf wenige Ausnahmen (Rindfleisch oder Eier) gibt es keine verlässlichen Herkunftskennzeichnungen für Lebensmittel. Die Herkunft der Zutaten wird gerne verschwiegen oder mit unklaren Angaben verschleiert. So muss das Fleisch für den Schwarzwälder Schinken nicht aus dem Schwarzwald stammen, sondern kann aus Dänemark oder Holland eingeführt werden. Hähnchenfleisch aus Drittländern (keine EU-Mitgliedsstaaten) müsste eigentlich mit einer Herkunftsangabe auf dem Etikett versehen werden; indem das Fleisch aber gewürzt oder gesalzen wird, kann diese obligatorische Kennzeichnung legal umgangen werden. Für viele Verbraucher ist eine Angabe zur Herkunft der Lebensmittel wichtig, da sie gezielt Produkte auswählen möchten, die aus der heimischen Landwirtschaft stammen oder durch kurze Transportwege weniger klimaschädliche Gase erzeugen. Das belegt eine aktuelle Umfrage der Verbraucherzentralen Anfang 2007. Über 95 Prozent der mehr als 3500 Befragten sind mit den aktuellen Herkunftsangaben nicht einverstanden, und ein Großteil der Befragten (78,4 Prozent) vermisst die obligatorische Kennzeichnung aller Fleischarten und wünscht mehr Transparenz auch bei verarbeiteten Lebensmitteln.

Was sagt der Strichcode auf Lebensmitteln?
Keine Aussagekraft für die Verbraucher

Der EAN-Code (Europäische Artikel-Nummer) dient im Handel der Erfassung von Warenströmen – über die Herkunft der Lebensmittel gibt der Code keine verlässliche Auskunft. In der Regel besteht der Code aus einer 13-stelligen Zahl und ihrer maschinenlesbaren Darstellung als Strichcode. Dabei stehen die ersten zwei bis drei Ziffern für die Länderkennzeichnung, was aber nicht bedeutet, dass das Produkt zwangsläufig auch in diesem Land hergestellt wurde. Ein Unternehmen aus Hamburg kann für Produkte, die in Spanien hergestellt wurden, die Basisnummer in Deutschland beantragen. Dann tragen spanische Produkte einen EAN-Code mit deutschem Länderkennzeichen.

Sind No-Name-Produkte schlechter als Markenprodukte?

Diese Frage lässt sich nicht allgemein beantworten. Solange aber der Hersteller der No-Name-Produkte oder Handelsmarken nicht genannt werden muss, bleibt weiterhin Raum für Spekulationen. Im Internet kursieren seriöse und weniger seriöse (kostenpflichtige) Angebote zur Aufdeckung der Hersteller von Discounterartikeln, da sich nicht selten bekannte Markenproduzenten hinter den Billigprodukten verstecken. Nach der heutigen Gesetzgebung reicht es aus, den Verkäufer einer Ware zu nennen. Deshalb finden Sie noch immer nichtssagende Auskünfte wie zum Beispiel «Hergestellt für ...» auf den Etiketten.

Mogelpackungen: Beliebte Tricks der Verpackungsstrategen

Nichts ist bei Händlern und der Lebensmittelindustrie «unbeliebter» als eine Preiserhöhung; vor allem dann, wenn man sie offen kommunizieren muss. Deshalb wird mit zum Teil unlauteren Tricks versucht, den Verbrauchern die deftige Preiserhöhung unterzujubeln, ohne dass diese etwas davon bemerken. Die konventionelle Methode – einfach den Preis zu erhöhen – ist offenbar aus der Mode gekommen, und die Marketingstrategen lassen sich Neues einfallen.

Darf's ein bisschen weniger sein?

Weder die Packungsgröße noch das Design wird verändert – und schon wiegt sich der Verbraucher in Sicherheit: «Das Produkt kenne ich, das kaufe ich schon jahrelang.» Dass allerdings die Füllmenge reduziert wurde, fällt dem Verbraucher nicht auf, da sie in der Regel bei vertrauten Produkten nicht kontrolliert wird und oft nicht auf den ersten Blick zu finden ist. Das Produkt wird selbstverständlich zum selben Preis angeboten.

Mit diesen Schummeleien setzen Anbieter und Händler Preiserhöhungen von bis zu 50 Prozent durch. So enthält die Eispackung plötzlich nur noch 900 Milliliter statt der bisherigen 1000, oder in der Chipsrolle finden sich statt 200 Gramm nur noch 170. Zu diesem Ergebnis kam die *Verbraucherzentrale Hamburg* in den Jahren 2005 und 2006 nach mehreren Supermarktbegehungen und hat eine Liste mit den dreistesten Fällen ins Internet gestellt. Besonders unverschämt ist die Variante, die Angabe zur Füllmenge nach der Reduzierung von der Vorderseite der Packung zu entfernen und sie auf der Rückseite nun möglichst klein zu «verstecken», was zum Beispiel bei Babytüchern praktiziert wurde.

Betroffen sind fast alle Lebensmittelkategorien von Süßwaren über Knäckebrot bis zu Säuglingsnahrung. Die Drogerieartikel aber belegen die Spitzenplätze: Denn mit dieser Masche konnten Handel und Hersteller in dem Fall die Mehrwertsteuererhöhung zum 1. 1. 2007 vorab auf die Verbraucher abwälzen – und es blieb sogar noch Spielraum für deftige Preiserhöhungen.

Der Trick wird auch bei Lebensmitteln angewendet, die von der üblichen Füllmengenangabe befreit sind: Fertigpackungen mit konzentrierten Suppen, Brühen, Braten-, Würz- und Salatsoßen sind mit dem Volumen der verzehrfertigen Zubereitung nach Liter oder Milliliter (zum Beispiel «Ergibt ¼ Liter») zu kennzeichnen. Auch solche Produkte wurden in der Füllmenge reduziert, was findige Verbraucher durch Nachwiegen herausgefunden haben.

Bei der Einführung neuer Produkte wurde ebenfalls nach diesem Prinzip gearbeitet: So wurde bisher standardmäßig Frischkäse immer in 200-Gramm-Bechern angeboten. Neue Sorten wurden im gleichen Behältnis von mehreren Anbietern Ende 2006 nur noch mit 175 Gramm befüllt – natürlich zum selben Preis.

Neuer Look für weniger Ware

Bei vielen Produkten wird regelmäßig ein «Relaunch» durchgeführt: Das Packungsdesign wird moderner und frischer gestaltet. Groß und unübersehbar prangt dann auf der Verpackung der Hinweis «Neu». Das freut Sie auf den ersten Blick ... bis Sie im Kleingedruckten die Füllmenge kontrollieren und feststellen, dass diese verringert wurde. Einen separaten Hinweis auf diese Reduzierung suchen Sie vergeblich. Die *Verbraucherzentrale Hamburg* entdeckte dieses Vorgehen 2006 beispielsweise bei Bonbons. In diesem Fall wurde so eine Preiserhöhung von über 13 Prozent durchgesetzt, und der Verbraucher zahlt quasi nur für das neue Design.

Scheinbar bessere Rezeptur zum höheren Preis

Beliebt ist auch der häufig irreführende Hinweis «Verbesserte Rezeptur»; ein Milchmischgetränk wurde 2005 mit dem Slogan «Jetzt noch schokoladiger» beworben, und nach einer Packungs-änderung (Plastikflasche statt Becher) erhöhte der Hersteller den Preis um 25 Prozent. Der Zutatenliste nach war aber eine Erhöhung des Schokoladenanteils nicht erkennbar – die Preiser-höhung dafür umso mehr.

Mogelpackungstrick: Immer mehr und trotzdem weniger

Immer häufiger werden auch Floskeln wie «25 ml gratis» oder «Mit 20 Prozent mehr» verwendet – aber auch hier sagen die Hersteller nur die halbe Wahrheit. Oftmals wurde zuvor klammheimlich die Füllmenge des Produktes reduziert, sodass

Versteckte Preiserhöhung: Diese Babynahrungspakete sind genau gleich groß, die neue Verpackung enthält aber knapp 20 Prozent weniger Inhalt ohne entsprechende Preissenkung.

im vermeintlichen Sonderangebot nun wieder die ursprüngliche Menge enthalten ist.

Beispiel: Bei einem Deodorant mit 175 Milliliter Inhalt wird im ersten Schritt die Füllmenge auf 150 Milliliter reduziert. Im zweiten Schritt wird dem Verbraucher dann eine «Big Size 150 ml +25 ml»-Verpackung angeboten, die ein «Geschenk» suggeriert, obwohl sich die Füllmenge gegenüber der ursprünglichen Verpackung nicht verändert hat.

Großpackungstrick: Größere Packung, höherer Preis

Lebensmittel in Großpackungen sind häufig teurer als Waren in Klein- oder Normalgröße. Wer Süßwaren, Kondensmilch oder Weichspüler in Großpackungen kauft, will Geld sparen – gerade preisbewusste Kunden oder Familien mit einem großen Bedarf greifen hier häufig zu und tappen dabei in eine Einkaufsfalle, denn nicht immer sind Großpackungen günstiger. Im Gegenteil: Die größere Verpackung ist im Vergleich zur Klein- oder Normalpackung zum Teil erheblich teurer. Das ergaben verschiedene Untersuchungen in den vergangenen Jahren, zum Beispiel von der *Verbraucherzentrale Hamburg* in Zusammenarbeit mit dem Magazin *stern TV* oder des *Instituts für Agrarpolitik und landwirtschaftliche Marktlehre* der Universität Hohenheim. Preisaufschläge von weit mehr als 30 Prozent wurden von den Verbraucherschützern aufgespürt; so war 2006 eine Schokolade in einer 400-Gramm-Packung um über 50 Prozent teurer als in der 250-Gramm-Kleinpackung, und die 1500-Milliliter-Flasche Weichspüler kostete im Vergleich 36 Prozent mehr als die 750-Milliliter-Packung.

So werden Kunden, die nicht genau nachrechnen, gezielt über den Tisch gezogen. Wir haben schon mehrfach darauf hingewiesen, dass im Supermarkt nichts zufällig passiert, und so steckt auch hinter diesen Aktionen eine simple Strategie: Größere Verpackungen fallen eher ins Auge und bringen mehr

Umsatz für die Anbieter. Die Verbraucher können sich gegen solche Tricks wehren, indem sie die Grundpreisangabe im Kleingedruckten am Regal oder in Werbeprospekten vergleichen. Dort muss der Preis für ein Kilogramm, 100 Gramm, ein Liter, 100 Milliliter oder pro Stück angegeben werden. Allerdings sind gleiche Produkte unterschiedlicher Verpackungsgrößen oft an unterschiedlichen Orten im Supermarkt platziert, was den Preisvergleich erschwert. Darüber hinaus fehlen zum Teil diese verbindlich vorgeschriebenen Preisangaben am Regal, sind unleserlich klein oder falsch, so die Ergebnisse der Untersuchungen.

Ein ganzer Einkauf Großpackungen, die in Bezug auf 100 Gramm / 100 Milliliter teurer waren als die Normalpackungen: Marktcheck Verbraucherzentrale Hamburg 2005.

Die Bio-Trittbrettfahrer:
Ist Bio wirklich gleich Bio?

Nachdem sich in den letzten Jahren die Lebensmittelskandale gehäuft haben, werden Bio-Produkte bei den Verbrauchern immer populärer.

Was ist Bio?

- Verzicht auf Kunstdünger, Pestizide, Gentechnik und Bestrahlung
- Artgerechte Tierhaltung
- Fütterung mit ökologisch produzierten Futtermitteln ohne Zusatz von Antibiotika und Leistungsförderern
- Zur Herstellung von Bio-Fertigprodukten dürfen deutlich weniger Zusatzstoffe (E-Nummern) eingesetzt werden.
- Alle Bio-Betriebe werden von staatlich anerkannten privaten Ökokontrollstellen mindestens einmal im Jahr zusätzlich unabhängig kontrolliert.

Waren die Produkte vor etlichen Jahren nur im nächsten Bio-Laden oder in der nächstgrößeren Stadt zu finden, sind sie heutzutage nahezu überall verfügbar. 4,5 Milliarden Euro setzte die Bio-Branche im Jahr 2006 um, sechs Jahre zuvor betrug der Umsatz nur rund ein Drittel davon. Das sind zwar nur ungefähr drei Prozent des Gesamtlebensmittelmarktes, die Infrastruktur der Branche hat sich aber nachhaltig geändert: In keinem Supermarkt fehlen die Bio-Produkte, sogar Discounter wollen sich mit Bio-Marken profilieren. Bio hat damit endgültig den Sprung aus der «Müsli-Ecke» geschafft und steht heutzutage nicht nur für Gesundheit, sondern auch für Lifestyle und Genuss. 38 Prozent der Bundesbürger kaufen häufig Bio-Produkte ein, 20 Prozent tun dies sogar regelmäßig.

Die Trendwende begann mit der Einführung des deutschen Bio-Siegels, das während der BSE-Krise vor gut fünf Jahren von der damaligen Verbraucherschutzministerin Renate Künast kreiert wurde. Über 2100 Unternehmen mit knapp 40000 Produkten nutzen das staatliche Bio-Siegel, das über das Ökokennzeichnungsgesetz und die Ökokennzeichnungsverordnung rechtlich verankert ist und allen Produkten offen steht, die der EU-Ökoverordnung entsprechen. Wer das Bio-Siegel verwenden will, hat dies vor dem ersten Einsatz bei der *Informationsstelle Bio-Siegel* anzuzeigen. Eine zusätzliche Kontrolle gibt es nicht, wohl aber Sanktionen in Form von Geldbußen oder – in schweren Fällen – Freiheitsstrafen bei Verstößen gegen die Richtlinien der EG-Öko-Verordnung oder der missbräuchlichen Verwendung des Bio-Siegels.

Neben dem relativ bekannten Bio-Siegel stehen die Zeichen der deutschen Bio-Verbände, zum Beispiel *Bioland*, *Demeter* oder *Naturland* und die Öko-Handelsmarken, unter anderem *BioBio* (Eigenmarke von Plus), *Bioness* (LIDL), *bio* (Aldi Süd), *PrimaBio* (Aldi Nord), *Bio bewusst genießen* (Netto), *Bio Sonne* (Norma) oder *Alnatura*.

Zeichen deutscher Anbauverbände (Auswahl):

Öko-Handelsmarken (Auswahl):

Einfach ist der Bio-Einkauf heute trotzdem noch nicht, denn auch im Bio-Bereich tummeln sich Trittbrettfahrer. Der Bio-Handel hat in den letzten Jahren hohe Wachstumsraten erzielt, was auch Geschäftemacher anzieht, die auf diesem Weg das schnelle Geld machen wollen. Bisher sind es nur Einzelfälle, doch die wachsende Globalisierung und die immer stärker verzweigten Warenströme könnten die sehr guten Untersuchungsergebnisse der Bio-Produkte in den nächsten Jahren verschlechtern.

Pestizidbelastungen bei Öko-Obst oder Gemüse sind bislang die sehr seltene Ausnahme, und bei Rückstandsanalysen schneiden Bio-Produkte signifikant besser ab als konventionelle Proben. Das ergab im Jahr 2005 das Ökomonitoring des Landes Baden-Württemberg: Im Mittel waren die Pestizidbelastungen von Obst und Gemüse über 150-mal geringer als bei konventioneller Ware; der Nitratgehalt in Spinat war beispielsweise nur ungefähr halb so hoch. Auch der Grundsatz, ohne Gentechnik zu produzieren, wird regelmäßig durch Ergebnisse der staatlichen Lebensmittelüberwachung bestätigt.

Verwirrung bei den Verbrauchern stiften Werbesprüche wie «Alternativ erzeugt», «Naturgedüngt» oder «Ungespritzt» – Aussagen, die den Kunden Natürlichkeit und Rückstandsfreiheit suggerieren sollen. Um Bio-Produkte handelt es sich dabei aber fast nie. Wer wirklich Bio-Produkte herstellt, verwendet die Begriffe «Öko» oder «Bio», denn diese sind durch die europaweiten EG-Öko-Verordnung geschützt. Ein weiteres wichtiges Merkmal, an dem Sie Bio-Produkte erkennen können, ist die Öko-Kontrollstellennummer, die auch auf jedem verpackten Bio-Lebensmittel vermerkt sein sollte – nicht zu verwechseln mit dem inflationär verwendeten Ausdruck «Kontrollierter Anbau», der nichts mit biologischem Anbau zu tun. Zusätzlich sollen ab 2009 alle verpackten Bio-Produkte mit einem neuen EU-Bio-Siegel verpflichtend gekennzeichnet werden.

Nur wo Bio (Öko) draufsteht, ist auch Bio (Öko) drin

Da ist Bio drin	Mogelpackung
bio	umweltverträglich
Bio-Anbau	kontrollierter Anbau
biologisch	integrierter Anbau
ökologisch	ohne Spritzmittel
öko	biologische Schädlingsbekämpfung
biologisch-dynamisch	alternativ
organisch	naturgedüngt, ohne Kunstdünger
kontrolliert (biologischer) ökologischer Anbau	aus umweltschonendem Anbau
ökologische Agrarwirtschaft-EG-Kontrollsystem	friedfertige Landwirtschaft

Quelle:[33]

Ist Bio aus dem Supermarkt wirklich Bio?

Grundsätzlich ja. Die EG-Öko-Verordnung muss eingehalten werden; sie garantiert, dass die Lebensmittel zu mindestens 95 Prozent biologisch erzeugt wurden. Im Detail sind die Vorgaben der deutschen Anbauverbände jedoch strenger als die EU-Regelungen.

Beispiele: Die Anzahl der zugelassenen Zusatzstoffe, der sogenannten E-Nummern, ist deutlich geringer. So dürfen bei *Bioland* nur 24 Zusatzstoffe eingesetzt werden, nach der EG-Öko-Verordnung aber 47, darunter auch nicht unproblematische Verbindungen wie zum Beispiel das Nitritpökelsalz. Dieser Stoff wird unter anderem eingesetzt, um die Wurst nicht «unappetitlich» grau aussehen zu lassen. Der Einsatz von Nitritpökelsalz in Lebensmitteln ist deshalb gesundheitlich bedenklich, weil beim Erhitzen krebserregende Nitrosamine entstehen können.

Nach EU-Recht sind Teilumstellungen in Betrieben möglich:

Schweine werden zwar ökologisch gehalten, Gemüse aus dem gleichen Betrieb kann noch konventionell angebaut und verkauft werden. Das wäre bei deutschen Verbänden nicht möglich.

Die Aromatisierung von Bio-Lebensmitteln ist prinzipiell möglich. Davon betroffen sind insbesondere zwei Produktgruppen im Naturkosthandel: Fruchtjoghurt und Tee. Aber auch Fertiggerichte, Speiseeis, Süß- und Backwaren in Bio-Qualität sind oft geschmacklich aufgepeppt. Es dürfen aber nur natürliche und keine naturidentischen oder künstlichen Aromastoffe eingesetzt werden, wobei natürliche Aromastoffe in der Regel nicht aus den namensgebenden Früchten hergestellt werden, sondern aus anderen tierischen oder pflanzlichen Materialien. Ausführliche Informationen zu Aromastoffen finden Sie im Kapitel *Fertiggerichte: Nicht wie selbst gekocht!*, S. 130.

Die Vorschriften zur Aromatisierung sind im Grunde ein Widerspruch zu dem Ansatz der Natürlichkeit von Bio-Produkten. Deshalb setzen deutsche Anbieter zunehmend Alternativen zu dieser Art von Aromatisierung ein und verwenden stattdessen Aromaextrakte – Auszüge und Konzentrate aus den Früchten – oder verzichten ganz auf Aromatisierung. So gibt es heute schon zahlreiche Bio-Fruchtjoghurts ganz ohne Aromazusatz. Der Anbauverband *Demeter* arbeitet prinzipiell ohne natürliche Aromastoffe.

Leider wurden 2006 die Qualitätsstandards auf EU-Ebene durch die Novellierung der EG-Öko-Verordnung verwässert. Zukünftig wird der Einsatz von Zusatzstoffen, die mit Hilfe von grüner Gentechnik hergestellt wurden, wie etwa Vitamine oder Enzyme, möglich sein. Die großen deutschen Anbauverbände lehnen das ab.

Müssen Bio-Produkte immer aus Deutschland kommen?

Nein. Bio-Zeichen sind in der Regel keine Herkunftszeichen. So hat auch im Bio-Bereich die Globalisierung Einzug gehalten, vor allem seit der konventionelle Lebensmittelhandel in den Markt eingestiegen ist und in Deutschland die politische Unterstützung für diese Form der Landwirtschaft nach dem Regierungswechsel 2005 reduziert wurde. Osteuropäische Länder wie Polen, Rumänien oder Bulgarien erlangen eine immer wichtigere Position, da sie vor allem aufgrund der niedrigen Löhne für die Feldarbeiter viel billiger produzieren können. Aber die Rohstoffe stammen nicht nur aus Europa, sondern auch aus China: Getreide, Hülsenfrüchte und Saaten wie Sesam, Leinsamen oder Sonnenblumenkerne kommen schon heute überwiegend von dort.

Die rechtliche Grundlage für solche Produkte ist ebenfalls die EG-Öko-Verordnung. Bislang sind keine qualitativen Einbußen bekannt geworden, doch ist aus Klimaschutzgesichtspunkten dieser weltweite «Lebensmitteltourismus» gerade bei Bio-Produkten, die doch eigentlich umweltfreundlich erzeugt werden sollten, nicht begrüßenswert. Darüber hinaus vertrauen 85 Prozent der Verbraucher vor allem Bio-Produkten aus Deutschland. Dies ergab eine aktuelle Umfrage des Instituts «Produkt+markt». Wesentlich schlechter schnitten Bio-Lebensmittel aus Italien (32 Prozent) und Spanien (26 Prozent) ab, sehr misstrauisch waren die Befragten gegenüber Produkten aus Osteuropa (drei Prozent).

Einzelne regionale Herkunftszeichen bilden die Ausnahme: In Baden-Württemberg wird beispielsweise das Bio-Siegel mit dem Zusatz der Landesfahne verwendet. Zusammen garantieren sie die Herkunft der Lebensmittel aus diesem Bundesland.

Der Gang durch den Supermarkt: Verkaufstricks durchschauen

Der Supermarktplan: Mit den Verbraucherschützern durch den Laden

Wir möchten Sie einladen, mit uns ein Einkaufstraining zu absolvieren. Auf Ihrem Weg durch den Supermarkt werden wir Sie begleiten und Ihnen helfen, Verkaufstricks zu durchschauen und den zahlreichen Verlockungen widerstehen zu können.

Folgen Sie uns in unseren Modell-Supermarkt, sozusagen unser Trainingsgelände. Der Grundriss ist fiktiv, doch so oder ähnlich finden Sie ihn überall wieder. Denn hinter dem Aufbau steckt System.

Der Supermarktplan

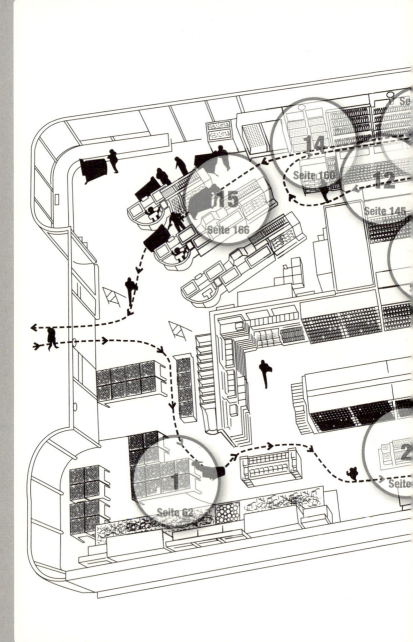

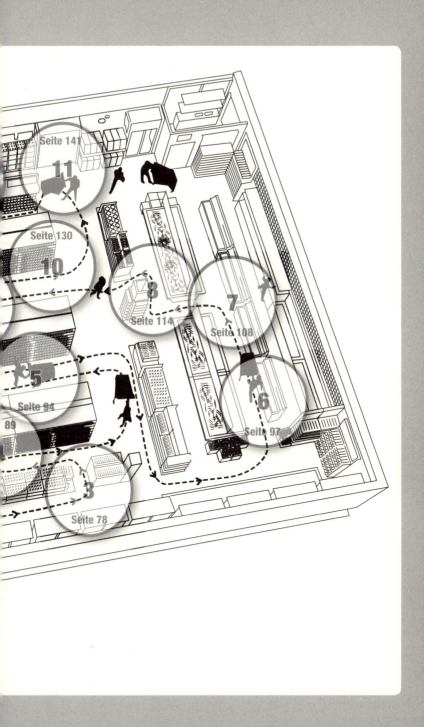

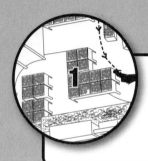

Obst und Gemüse: Künstliches Wochenmarktflair

Direkt hinter dem Eingangsbereich eines Supermarktes befindet sich meist die Obst- und Gemüseabteilung – hier können wir unser gemeinsames Einkaufstraining beginnen. Ein frisches und umfangreiches Angebot soll Sie in Kaufstimmung versetzen: leckere Salate, leuchtend rote Tomaten, knackige Äpfel, saftige Orangen – einfach verführerisch. Ein neuer Trend der Präsentation sind feine Wassernebel, die aus den Kühlelementen gesprüht werden, die Luftfeuchtigkeit erhöhen und somit vor allem Gemüse und Salat taufrisch aussehen lassen. Doch durch diesen Trick wird Frische nur vorgetäuscht, denn der Abbau der Vitamine kann nicht verhindert werden.

Spezielle Leuchtstoffröhren strahlen das Gemüse an, und zusätzliche Scheinwerfer lassen es glänzen. Doch hier wird nicht nur das Auge getäuscht – eine solche intensive Beleuchtung ist auch für die Qualität der Ware von Nachteil, da sie beispielsweise in Kartoffeln die Bildung von Solanin fördert, einem schädlichen Naturstoff. Äußerlich wahrzunehmen ist dies durch das Ergrünen der Kartoffeln. Innerhalb von zehn Tagen steigt in der Schale die Menge der Giftstoffe um das Siebenfache an. Das jedenfalls ist das Ergebnis einer US-Studie.[34]

Worauf sollten Sie in der Obst- und Gemüseabteilung noch achten?

Erste Klasse oder zweite Wahl?

Viele Sorten des angebotenen Obstes und Gemüses müssen mit einer Klasse ausgezeichnet werden. Für 36 Obst- und Gemüsearten gibt es sogenannte EG-Vermarktungsnormen, die die Kennzeichnung «Extra», Klasse I oder Klasse II vorschreiben. Nationale Bestimmungen wurden bis auf die deutsche Handelsklassenverordnung für Speisekartoffeln aufgehoben. Sie sollten dieser Einteilung aber keine große Bedeutung zumessen. Zum einen nimmt man es bei der Etikettierung im Supermarkt nicht immer so genau, und es wird standardmäßig mit der Klasse I gekennzeichnet, auch wenn die Ware den Vorgaben nicht entspricht. Zum anderen legen die Normen vor allem Größe, Aussehen und Farbe fest. Die «inneren Werte» wie Geschmack, Vitamingehalt und die Art der Erzeugung der Produkte spielen keine Rolle. Stattdessen darf eine Gurke beispielsweise nicht krumm sein, ein Apfel der Klasse I muss mindestens einen Durchmesser von 55 Millimetern und eine sortentypische Färbung haben. Äpfel sind in vier Farbgruppen eingeteilt: Rote Sorten (zum Beispiel Red Delicious), Sorten gemischt roter Färbung (zum Beispiel Roter Boskoop), gestreifte schwachgefärbte Sorten (zum Beispiel Berlepsch) und andere Sorten (zum Beispiel Granny Smith).

Die Folge ist ein wachsendes Angebot von standardisiertem EU-Einheitsobst, obwohl viele schmackhafte Sorten regional angebaut werden.

Regionale Produkte: Fehlanzeige

Ärgern Sie sich auch über argentinische Äpfel im Oktober, obwohl in Deutschland die Apfelernte auf Hochtouren läuft? Regionale Produkte spielen für die großen Supermarktketten kaum eine Rolle, obwohl die Vorteile auf der Hand liegen: Kurze Transportwege stehen für Frische und Geschmack und sichern

Arbeitsplätze in zum Teil strukturschwachen Regionen. Darüber hinaus ist der Einkauf von regionalen Produkten aktiver Umweltschutz und trägt zur Verminderung des Ausstoßes klimaschädlicher Treibhausgase bei, da vor allem eingeflogenes Obst und Gemüse ein wahrer «Klimakiller» ist. Beim Transport von einem Kilogramm Erdbeeren aus Südafrika mit dem Flugzeug werden neun Kilogramm klimaschädliches Kohlendioxid freigesetzt, ein Kilo Trauben aus Argentinien verursacht elf Kilogramm und ein Kilo Äpfel aus Neuseeland 18 Kilogramm Kohlendioxid-Ausstoß.

Sehr beliebt: Falsche Herkunft

Die Herkunft von Obst und Gemüse spielt für viele Verbraucher eine wichtige Rolle. Sie bevorzugen Einheimisches, weil es für mehr Frische und mehr Geschmack steht. Zum Teil ist aber die Ware aus dem Ausland für die Einzelhändler billiger im Einkauf; dann wird bei der Auszeichnung der Ware durch die Händler oder Zwischenhändler auch nachgeholfen und ausländische Lebensmittel als deutsche Ware ausgezeichnet. Die holländischen Gurken kommen laut Etikett aus Deutschland, genauso die tschechischen Erdbeeren oder der griechische Spargel. Auf die Schliche können Sie den Moglern kommen, wenn die Angaben widersprüchlich sind: Weist beispielsweise das Etikett deutsche Erdbeeren aus, auf der Verpackungskiste steht aber Spanien als Ursprungsland, stimmt etwas nicht.

Die Tricks mit der Qualität

Die Frische bei Obst und Gemüse ist das A und O, da die Vitamingehalte während der Lagerung rapide abnehmen können. Vor allem Wärme, Lichteinwirkung und niedrige Luftfeuchtigkeit wirken sich negativ aus; besonders empfindlich sind Vita-

min C, Folsäure und die B-Vitamine. Wie können Sie bei einzelnen Produkten im Supermarkt feststellen, ob sie frisch sind?

- Achten Sie bei Salaten auf die Schnittstelle: Sie sollte hell
  und nicht braun angelaufen sein.
- Frischer Spargel ist nicht holzig, lässt sich leicht brechen und
  sollte «klingen» und «knistern», wenn man zwei Stangen anein-
  anderreibt. Die Schnittflächen sind hell, feucht und saftig.
- Bei Champignons sind geschlossene Köpfe ein Zeichen für
  Frische. Das Fleisch von Pfifferlingen sollte fest und trocken
  sein, auf keinen Fall schleimig.
- Lange Strünke bei Kohlsorten weisen darauf hin, dass sie
  schon lange gelagert und immer wieder die welken äußeren
  Blätter entfernt wurden.
- Brokkoli sollte keine gelben Röschen haben.
- Gurken sollten an den Enden nicht schrumpelig und insgesamt fest (nicht elastisch) sein.
- Die Schale von Kartoffeln sollte nicht schrumpelig sein und
  keine Auskeimungen der Augen aufweisen.
- Überprüfen Sie bei Obst in Plastikschalen den Boden, dort
  faulen die Früchte zuerst.
- Vermeiden Sie bei Zitrusfrüchten, vor allem Mandarinen,
  «losschalige» Früchte, denn diese sind alt und strohig. «Los-
  schalig» bedeutet, dass die Schale nicht fest am Fruchtfleisch
  anliegt und leicht eingedrückt werden kann.

Bestehen die Früchte die Reifeprüfung?

Sie kennen sicherlich auch Erdbeeren «rot-weiß»: unten rot und
oben am Stielansatz weiß, viel zu unreif, geschmacklos und
pestizidbelastet. Um solche Früchte sollten Sie einen großen
Bogen machen, denn Erdbeeren reifen bei der Lagerung nicht
nach. Einzelhändler bieten unreifes Obst an, um es länger verkaufen zu können, aber nur vollreife Früchte entfalten ihr ganzes Aroma und haben wertvolle Inhaltsstoffe. In unreif geernte-

ten Orangen ist beispielsweise der Vitamin C-Gehalt deutlich geringer als in reifen Früchten. Andere Fruchtarten wie Bananen und Birnen hingegen können Sie einige Tage vor dem Verzehr kaufen und zu Hause nachreifen lassen.

Nachreifende (klimakterische) und nicht nachreifende Früchte

Nachreifende Früchte	Nicht nachreifende Früchte
Äpfel	Beeren (Brom-, Him-, Erdbeeren)
Kiwi	Zitrusfrüchte (zum Beispiel Mandarinen, Orangen)
Birne	Trauben
Melonen	Kirschen
Bananen	Wassermelone
Pfirsiche, Nektarinen	Ananas
Tomaten	
Mango	
Avocado	

Pestizidcocktail statt unbehandelt

Immer wieder geraten Obst und Gemüse in die Schlagzeilen, weil sie mit Pestiziden belastet sind. 30000 Tonnen Pflanzenschutzmittel werden jährlich allein in Deutschland auf die Felder gebracht, und die Zahlen haben sich laut Greenpeace seit Jahren kaum verändert.

Dem aktuellen Lebensmittel-Monitoring der Lebensmittelüberwachung aus den Bundesländern von 2005 zufolge weisen circa 80 Prozent der untersuchten Tomaten Pestizidrückstande auf, bei Nektarinen und Pfirsichen sind es 85 Prozent und bei Birnen sogar über 90 Prozent. Im Jahr davor wurde eine «Top 10» der Höchstmengenüberschreitungen ermittelt: Rucola ist in dieser Negativliste der Spitzenreiter mit über 30 Prozent nicht verkehrsfähiger Proben, dann folgen Paprika (21,5 Prozent), Johannisbeeren (17,2 Prozent), Weintrauben (12,9 Prozent) und Gurken (11,4 Prozent). Es wurde nicht nur ein Pestizid in den Proben gefunden, sondern ein ganzer Cocktail – teilweise konnten über 15 verschiedene Wirkstoffe nachgewiesen werden, die Fachleute als Mehrfachrückstände bezeichnen. Welche negativen Auswirkungen diese auf die menschliche Gesundheit vor allem von Kleinkindern haben, ist noch nicht abschließend geklärt. Pestizide stehen aber im Verdacht, die Entstehung von Krebs zu begünstigen, die Nerven zu schädigen und das menschliche Hormonsystem zu beeinflussen, daher sollte man natürlich so wenig belastete Produkte wie möglich zu sich nehmen. Dazu müssen die großen Lebensmittelhändler allerdings ihren Teil beitragen, da circa 50 Prozent des Frischobstes über die Discounter verkauft wird. Sie haben die Aufgabe, durch bessere Kontrollen, schärfere Grenzwertvorgaben an die Erzeuger und Kontrollen im Ursprungsland die Verbraucher vor diesen enormen Schadstoffbelastungen zu schützen. Nur Präventivmaßnahmen sind wirksam; liegt die Ware einmal im Regal, ist ein Rückruf nicht mehr möglich, da Obst und Gemüse innerhalb kürzester Zeit verkauft und gegessen werden.

Doch glücklicherweise bewegt sich etwas: Viele Supermarktketten haben sich seit dem Frühjahr 2007 selbst verschärfte Standards auferlegt. Sie wollen nicht mehr als 70 Prozent der gesetzlich zugelassenen Pestizidbelastung tolerieren. Diesem Pestizidreduktionsprogramm haben sich unter anderem Edeka, Lidl, Tengelmann, Aldi und die Metro angeschlossen. Ein wichtiger Schritt in die richtige Richtung.

Tipps zum Einkauf von Obst und Gemüse

- Bevorzugen Sie Bio-Ware, da sie circa 150-mal niedriger belastet ist. Das hat das Ökomonitoring 2005 in Baden-Württemberg ergeben.

- Faustregel: Obst und Gemüse der Saison weisen in der Regel niedrigere Pestizidgehalte auf als Waren, die außerhalb der jeweiligen Saison angeboten werden.
- Abwaschen und Schälen – falls möglich – kann die Rückstandsmengen je nach Frucht bedingt (bis zu 50 Prozent) reduzieren. Alle Rückstände können nicht beseitigt werden, da viele Wirkstoffe (systemische Pestizide) in die Pflanze eindringen und sich im Inneren verteilen.

«Unbehandelt» bedeutet nicht ohne Chemie

Zitrusfrüchte werden nach der Ernte häufig mit Oberflächenbehandlungsmitteln versetzt, die so komplizierte Namen wie Orthophenylphenol, Biphenyl, Imazalil oder Thiabendazol tragen; diese Chemikalien sollen die Haltbarkeit verlängern. Sie können allerdings in Einzelfällen bei Hautkontakt allergieauslösend wirken. Achten Sie beim Einkauf auf die vorgeschriebene Kennzeichnung «Konserviert mit …» oder «Mit Konservierungsmittel …». Waschen Sie sich gründlich die Hände, wenn Sie behandelte Früchte geschält haben und verwenden Sie diese Früchte nicht für Gerichte, bei denen Sie die Schale benötigen.

Damit die Früchte eine intensiv leuchtende Farbe und einen starken Glanz bekommen, werden sie zum Teil gewachst. Das muss ebenfalls gekennzeichnet werden. Irreführend ist die Bezeichnung «Unbehandelt» bei Zitronen oder anderen Zitrusfrüchten; die Früchte dürfen zwar **nach** der Ernte weder konserviert noch gewachst werden, aber ganz ohne Chemie sind sie nicht hergestellt worden, da während der Wachstumsphase am Baum sehr wohl Pestizide oder andere Spritzmittel eingesetzt werden können. Rückstände dieser Chemikalien sind sowohl in der Schale als auch im Fruchtfleisch nachzuweisen, was eine neue Untersuchung der *Stiftung Warentest* (Juni 2007) bestätigt. Mehr als jede zweite der getesteten «unbehandelten» Limetten war mit Pestiziden verunreinigt.

Nur bei Bio-Zitrusfrüchten können Sie davon ausgehen, dass sie praktisch keine Rückstände enthalten.

Vorgeschnittenes Obst: Teuer und keimanfällig

Viele Supermärkte bieten etwas besonders Attraktives für Kunden an, die es eilig haben: Vorgeschnittenes Obst aus der Frischetheke (oft exotische Arten wie Melonen, Mangos, Ananas oder Kiwis) in mundgerechte Stücke geschnitten und in Plastikschalen verpackt. Im Fachjargon wird dies «Fresh-Cut» genannt – eigentlich eine gute Idee, wenn dieses Convenience-Angebot keine Kehrseite hätte. Dieser Service kostet Sie viel Geld, denn die Händler verlangen mindestens dreimal so viel im Vergleich zum unverarbeiteten Obst. Vielleicht ist Ihnen diese Annehmlichkeit ein paar Euro mehr wert, doch die häufig festzustellenden qualitativen Mängel und die Keimbelastung durch Verderbniserreger sprechen eindeutig gegen den Verzehr der vorgeschnittenen Früchte. Nicht selten geht es um Resteverwertung: Wird beispielsweise die frische Ananas nicht verkauft, landet sie in der provisorischen Schnippelküche und kommt recycelt – «frisch» in Stücke geschnitten – wieder in den Verkauf.

Vor allem hochsommerliche Temperaturen und offene Kühlvorrichtungen in den Supermärkten lassen solche Lebensmittel leicht verderben. Das *Chemische und Veterinäruntersuchungsamt Karlsruhe* schreibt in seinem Jahresbericht 2005: «Insgesamt ist aus hygienischen Gesichtspunkten diese Angebotsform sehr kritisch zu bewerten (…)», nachdem bei Untersuchungen «Verderbniserreger in hoher Zahl», beispielsweise Hefen, Schimmelpilze oder Bakterien nachgewiesen werden konnten. Darüber hinaus leidet die Qualität des verwendeten Obstes bei einer solchen Präsentation. Zum einen vertragen exotische Früchte die Kühltemperaturen nicht gut und verlieren an Aroma, zum anderen büßt das geschnittene Obst durch das Licht an Qualität ein. Vitamin-C-Verluste sind vorprogrammiert.

Obstschalen: Unterfüllung erlaubt

Wenn Sie eine 500-Gramm-Schale Himbeeren kaufen, muss nicht drin sein, was draufsteht: 470 Gramm werden von den Eichbehörden laut Fertigpackungsverordnung toleriert. Dem Anbieter wird bei solchen offenen Packungen (Schalen oder Körbe) ein gewisser Verlust auf dem Transportweg zugestanden. Aus Verbrauchersicht ist diese Vorschrift zu lax, und gegen sie wird sogar noch regelmäßig verstoßen. Zwölf Prozent der von den Eichbehörden im Jahr 2003 untersuchten Proben hatten sogar noch weniger Gewicht als diese unterste Toleranzgrenze. Dadurch zahlen Verbraucher jedes Jahr Millionen Euro zu viel.

Die Verpackung zahlen Sie mit

Die andere Methode der Gewichtsermittlung im Supermarkt ist das Nachwiegen der Obstschalen an der Kasse. Leider «vergessen» die Kassiererinnen nicht selten, die Tara einzustellen, sodass die Packung mitberechnet wird. Kaufen Sie beispielsweise drei Schälchen, müssen Sie darauf achten, dass die Tara dreimal abgezogen wird. Am besten lassen Sie jede Schale einzeln wiegen. Vorsicht ist auch geboten, wenn verschiedene Größen von unterschiedlich schweren Plastikschalen zum Beispiel für Salate vom Salatbüfett bereitgestellt werden. Wenn Sie nicht zu viel bezahlen möchten, müssen Sie sicherstellen, dass an der Kasse das richtige Tara-Gewicht eingestellt ist (siehe auch Kapitel *Die Verpackung teuer mitbezahlt?*, S. 107).

2

Käse:
Alles Schnittkäse,
oder was?

Auf unserem Weg durch den Supermarkt erreichen wir nun die Käsetheke. Frau Antje aus Holland begrüßt Sie mit ihrem gewinnenden Lächeln, die große Auswahl an verschiedenen Käsen lassen Ihr Genießerherz höher schlagen, und Sie freuen sich schon auf ein leckeres Käsehäppchen mit einem Glas Rotwein als Abschluss eines gelungenen Abends. Doch auch an der Käsetheke wird mit Tricks gearbeitet.

Mehr als 3000 verschiedene Käsesorten gibt es in ganz Europa. Viele Käse spiegeln die regionalen Besonderheiten wieder, doch finden Sie solche individuellen Sorten im Supermarktregal nur selten; dort bestimmen die Großen der Branche mit ihrem standardisierten Einheitskäse das Angebot. Gute handwerkliche Tradition wird durch industrielle Herstellung ersetzt. Statt natürlicher Rinde besitzen viele Käsesorten nur eine Wachs- oder Kunststoffschicht. Es kommen auch etliche Zusatzstoffe zum Einsatz, um das Aussehen zu beeinflussen und den Verderb zu verhindern.

Das Gelbe vom Käse

Gouda und Edamer beispielsweise sollen «elfenbeinartig bis goldgelb» aussehen, so sieht es die Käseverordnung vor. Um ein sattes standardisiertes Gelb zu erreichen und damit auch eine bessere Qualität vorzutäuschen, wird oft legal mit Farbstoffen wie Betacarotin (E 160a) beziehungsweise Annatto (E 160b) nachgeholfen. Bei beiden Lebensmittelfarben handelt es sich um natürliche Farbstoffe: Betacarotin kommt in vielen Pflanzen vor (zum Beispiel Karotten), Annatto (andere Namen: Bixin, Norbixin) in den Samenschalen des Annattostrauches; großtechnisch wird aber Betacarotin synthetisch oder mit Hilfe von Mikroorganismen gewonnen, die wiederum gentechnisch verändert sein können. Davon erfahren Sie an der Ladentheke jedoch nichts, denn eine Kennzeichnung, ob gentechnisch veränderte Mikroorganismen eingesetzt werden, gibt es nicht.

Arzneimittel im Käse

Wenn Käse möglichst billig produziert werden soll und keine Zeit für eine ordentliche Reifung des Produktes bleibt, muss mit E-Nummern (Zusatzstoffen) nachgeholfen werden. Natriumnitrat (E 251) oder Kaliumnitrat (E 252) werden bei Gouda oder Maasdamer gegen Fehlreifung eingesetzt. Diese Zusatzstoffe können unter bestimmten Bedingungen, zum Beispiel beim Überbacken von Speisen mit Käse, in krebserregende Nitrosamine umgewandelt werden.

Ein anderer Zusatzstoff, E 1105, ist das Enzym Lysozym, das als Bakteriengift «Spätblähungen» verhindern soll, die durch bestimmte Mikroorganismen verursacht werden und den Käse wegen der Geruchs- und Geschmacksabweichungen ungenießbar machen. Die Mikroorganismen können durch das Futter (schlechte Silage) und mangelhafte Melkhygiene in die Milch gelangen.

Lysozym kann bei empfindlichen Personen in Einzelfällen allergieauslösend wirken, da es ein Bestandteil des Eiklars ist; es wird beispielsweise bei dem beliebten Hartkäse Grana Padano verwendet. Bio-Varianten gibt es auch ohne diesen Zusatz.

Eine weitere Art der Konservierung ist die Behandlung der Käserinde mit Natamycin (E 235), einem Antibiotikum, das auch als Arzneimittel für Pilzinfektionen zugelassen ist. «Bei zu regelmäßiger Aufnahme durch die Nahrung kann Natamycin seinen therapeutischen Wert als Arzneimittel verlieren. Eine häufige Aufnahme von Natamycin kann zur Bildung von resistenten Krankheitserregern führen», warnt die *Verbraucherzentrale Hamburg* in ihrem Ratgeber «Was bedeuten die E-Nummern?». Natamycin darf bei Schnittkäse (zum Beispiel Edamer, Gouda, Tilsiter), Halbschnittkäse (zum Beispiel Butterkäse) oder Hartkäse (zum Beispiel Cheddar) verwendet werden. Sie sollten die Rinde eines so behandelten Käses großzügig entfernen, da gemäß der Vorschriften das Natamycin nicht weiter als fünf Millimeter in den Käse eindringen darf. Nisin (E 234) wirkt ebenfalls antibiotisch und kann bei Mascarpone eingesetzt werden.

Die Käsesorten sind in verschiedene Käsegruppen eingeteilt, eine davon ist Schnittkäse. Die einzelnen Käsegruppen (Hart-, Schnitt- oder Weichkäse) unterscheiden sich durch den Wassergehalt in der fettfreien Käsemasse. Hartkäse hat den geringsten Wasseranteil (56 % oder weniger), Schnittkäse ist weniger fest und enthält zwischen 54 % und 63 % Wasser in der fettfreien Käsemasse. Schnittkäse heißt in diesem Fall nicht, dass der Käse geschnitten ist oder in Scheiben angeboten wird.

Wenn Sie solche Konservierungsstoffe meiden wollen, achten Sie bei verpackten Käsesorten auf die Zutatenliste; lose Ware an der Käsetheke muss ebenfalls «mit Konservierungsstoff» gekennzeichnet sein. Leider nehmen es manche Einzelhändler mit den Vorgaben nicht allzu genau, und die «Käsefachfrau» kann Ihnen meist auch nicht helfen.

Bio-Käse hingegen darf keine Konservierungsstoffe enthalten.

Das Original oder eine billige Nachahmung?

Wenn Sie an der Käsetheke nach einem Parmesan-Käse verlangen, bekommen Sie dann das Original oder ein Plagiat? Haben Sie auch schon einmal im Kühlregal nach dem «Kuhkäse im Schafspelz» gegriffen, als Sie einen Feta suchten? Wir sagen Ihnen, worauf Sie achten müssen, wenn Sie bestimmte Käsemarken kaufen wollen.

Parmesan oder Parmigiano Reggiano?

Wer den echten Parmesan-Käse haben möchte, muss nach *Parmigiano Reggiano* verlangen, da nur dieser Begriff genau definiert ist. Sie erhalten dann einen Hartkäse, der aus verschiedenen Provinzen Oberitaliens (Emilia Romagna) stammt und nach strengen Kriterien hergestellt wurde. Billige Nachahmerprodukte werden unter der Bezeichnung «Parmesan» oder ähnlich klingenden Namen (zum Beispiel Parmella oder Parmigello) verkauft. Lassen Sie sich nicht von Hinweisen wie «Original aus Italien» oder einer italienischen Fahne blenden.

Feta: Schafs- oder Kuhkäse?

Ursprünglich ist Feta ein aus Schafs- und Ziegenmilch hergestellter Weichkäse aus Griechenland, doch auf dem Markt tummeln sich viele Varianten vor allem aus Dänemark und Deutschland, die aus Kuhmilch hergestellt werden. Sogar Käseimitate aus Magermilch der Kuh und Pflanzenfett wurden nach Informationen der Untersuchungsämter in Baden-Württemberg verkauft, meist aber in Gaststätten und Imbissbuden.

Besonders irreführend sind Verpackungen, auf denen die Akropolis oder Oliven abgebildet sind – gerade für Kuhmilchallergiker kann sich eine solche Aufmachung als gefährliche Falle entpuppen. Damit soll jetzt Schluss sein: Der Europäische Gerichtshof hat entschieden, dass ab Oktober 2007 nur noch der Käse *Feta* genannt werden darf, der in Griechenland aus Schafs- und Ziegenmilch hergestellt wurde.

Achten Sie trotzdem auf die Kennzeichnung und nicht nur auf den Namen des Produktes. Es muss auf der Verpackung angegeben sein, ob der Käse aus Kuhmilch oder anderen Milchsorten erzeugt wurde.

Mozzarella – im Original kein Kuhkäse

Der in Plastikbeuteln angebotene Kuhmilch-Mozzarella ist ebenfalls kein Originalprodukt. Ursprünglich wurde Mozzarella überwiegend aus Büffelmilch hergestellt, schmeckt intensiver und ist in der Konsistenz cremiger und weicher. *Mozzarella di Bufala* ist der geschützte Name für diesen Frischkäse.

Geriebener Käse: Lieber selber reiben!

Zugegeben – geriebener Käse aus dem Plastikbeutel ist einfach praktisch: Packung aufreißen, Käse über den Auflauf oder die Nudeln streuen und schon ist das Essen fertig. Für die Bequemlichkeit zahlt man aber einen hohen Preis: Abgesehen davon, dass die Produkte im Vergleich deutlich teurer verkauft werden, sind sie auch anfällig für Hygienemängel und Geschmacksdefizite. Zu diesem Urteil jedenfalls kommt die *Stiftung Warentest* in ihrem Heft 3/2003. Geriebener Käse ist aufgrund der deutlich größeren Oberfläche gegenüber Käse am Stück sehr anfällig für schädliche Mikroorganismen, die bei mangelnder Hygiene im Herstellungsbetrieb in den Beutel gelangen können. Der Geruch und Geschmack leidet unter zu lang gewählten Haltbarkeitszeiträumen, die vor allem von Händlern gefordert werden. Deshalb lautet unser *Tipp:* Wenn möglich sollten Sie den Käse lieber selber reiben. Das ist gut für Gesundheit, Geldbeutel und Geschmack.

Fettfalle Käse? Was bedeutet «Fett i. d. Tr.»?

Auf der Verpackung von Doppelrahm-Frischkäse lesen Sie die besorgniserregende Zahl von «mindestens 60 Prozent Fett in der Trockenmasse» – das klingt beängstigend, doch wir können Sie beruhigen.

Unter Fett in der Trockenmasse versteht man den Fettanteil in der Käsemasse, nachdem das gesamte Wasser entzogen wurde. Dieser Wert ist während der gesamten Käsereifung nahezu konstant. Das Gesamtgewicht des Käses dagegen nimmt ab, da Wasser verdunstet. Die Angabe auf dem Etikett ist laut Käseverordnung verpflichtend vorgeschrieben, eignet sich aber nicht zum Vergleich des Fettgehaltes mit anderen Käsegruppen. Den besser verständlichen absoluten Fettgehalt, wie Sie ihn zum Beispiel von der Milch oder dem Joghurt kennen, finden Sie meist nur in der Nährwerttabelle, falls eine solche abgedruckt ist, und beim Käse in der Bedientheke erfahren Sie ihn gar nicht. Als Faustregel gilt: Bei Hartkäse ist der absolute Fettgehalt gegenüber der Angabe «Fett i. d. Tr.» um ein Drittel geringer, bei Weichkäse beträgt er circa die Hälfte, Schnittkäse liegt in etwa dazwischen.

Ein Doppelrahm-Frischkäse mit 60 Prozent Fett in der Trockenmasse hat demnach circa 25 Prozent Fett absolut. Zum Vergleich: Würde man den Fettgehalt der Milch auf diese Art und Weise kennzeichnen, müsste auf der Vollmilchpackung «circa 28 Prozent Fett i. d. Tr.» stehen.

Vergleich Fett i. d. Tr. und absoluter Fettgehalt
(Schwankungen möglich)

Käsesorte	Käsegruppe	Fettgehalts-stufe	Min. Fett i. d. Tr.	Fettgehalt absolut
				Circa
Emmentaler	Hartkäse	Vollfett	45 Prozent	30 Prozent
Edamer	Schnittkäse	Vollfett	45 Prozent	28 Prozent
Camembert	Weichkäse	Doppelrahm	60 Prozent	30 Prozent
Frischkäse	Frischkäse	Doppelrahm	60 Prozent	25 Prozent
Quark		zum Beispiel Halbfettstufe	20 Prozent	5 Prozent

Milch und Milchprodukte: Schlauer essen

Jetzt geht es weiter zu den Kühlregalen, die alle anderen Milchprodukte enthalten. Das Geschäft in diesem Bereich wird hauptsächlich mit rund 300 neuen Produkt-Kreationen gemacht, die den Markt jährlich überschwemmen: Wellness-Drinks auf Milchbasis, fettreduzierte Butter, probiotische Joghurts, Trinkjoghurts und vieles mehr. Die Zutaten (Wasser, Magermilch, Zucker und Aroma) neben den probiotischen Keimen kosten wenige Cents, das fertige Produkt wird dank geschicktem Marketing zu horrenden Preisen verkauft.

Eine zentrale Werbeaussage der Hersteller lautet: Wenn Sie hier regelmäßig in die Regale greifen, werden Sie ein glücklicher, zufriedener und gesunder Mensch. An keiner anderen Stelle des Supermarktes finden Sie so viele «Wellness»-Angebote wie bei den Milchprodukten: Das Immunsystem wird durch probiotische Keime gestärkt, zusätzliche Vitamine machen topfit, das Obst im Joghurt macht gesund und die «Light»-Varianten der Produkte halten Sie rank und schlank. Gesundheit gibt es hier scheinbar gutgekühlt in Fläschchen und Bechern zu kaufen. Um diesen Eindruck zu verstärken, lancieren die Hersteller Werbekampagnen, denen Sie sich kaum entziehen können: Im Jahr 2006 betrugen die Brutto-Werbeaufwendungen für Molkereiprodukte knapp 340 Millionen Euro, rund doppelt so viel wie im Jahr 2002. Milchprodukte gehören damit zu der Lebensmittelgruppe, die nach den Süßwaren am intensivsten beworben wird.

Dass die Milch nicht mehr in Milchkannen, sondern in Tanklastern transportiert wird, ist sicherlich jedem Kunden klar – dass die Kühe aber überwiegend in engen Ställen statt auf grünen Wiesen leben und dem Futter meist gentechnisch verändertes Kraftfutter (zum Beispiel Mais oder Soja aus abgerodeten Regenwaldgebieten) beigemischt wird, wird nicht thematisiert. Abgesehen davon stehen die Gesundheitsversprechungen auf tönernen Füßen. Was ist also beim Shopping in dieser Abteilung zu beachten, damit Sie sich zu Hause nicht über teure Fehleinkäufe ärgern?

Gesund durch teure probiotische Produkte?

Probiotische Lebensmittel begannen ihren Siegeszug 1994 mit dem *LC1-Joghurt* aus dem Hause *Nestlé*. Seither sorgen enorme Wachstumsraten Jahr für Jahr für eine immer größere Präsenz im Kühlregal. 2005 gab es laut dem Marktforschungsunternehmen AC Nielsen eine Umsatzsteigerung von knapp 17 Prozent, im ersten Halbjahr 2006 erneut ein Wachstum von rund zwölf Prozent. Diese Zuwächse lassen die Kassen der Einzelhändler und Hersteller kräftig klingeln, zumal der Preis eines probiotischen Joghurts oftmals doppelt so hoch ist wie der eines konventionellen Produkts.

Den Erfolg verdanken die probiotischen Produkte ihrem Image; die darin enthaltenen speziell gezüchteten Bakterien sollen besonders widerstandsfähig gegenüber den Verdauungssäften sein und unbeschadet den Darm erreichen, wo sie für eine gesunde Darmflora sorgen und das Immunsystem stärken sollen. Wissenschaftler streiten jedoch noch immer über den wirklichen Nutzen dieser Produkte; viele Studien auf diesem Gebiet sind nicht unabhängig erstellt worden, sondern im Auftrag der namhaften Anbieter. Darüber hinaus werden sie oftmals nicht mit den eigentlichen Lebensmitteln durchgeführt, sondern mit reinen Bakterienkulturen, sodass die Ergebnisse nicht übertragbar sind. Doch um solche Details kümmern sich die Marketingabteilungen der großen Konzerne wenig; sie möchten in erster Linie eine Studie präsentieren, die vermeintlich zeigt, wie gesund probiotische Lebensmittel sind.

Dass nur bei regelmäßigem Verzehr von Produkten mit ein und demselben probiotischen Bakterienstamm über einen längeren Zeitraum mit einer positiven Wirkung zu rechnen ist, macht diese Produkte noch attraktiver für die Hersteller. Wird der Verzehr für kurze Zeit unterbrochen, ist ein Effekt bereits nach wenigen Tagen, spätestens aber nach drei Wochen nicht mehr nachweisbar – ein scheinbar starkes Argument, um die Verbraucher dauerhaft an das Produkt zu binden.[35] Was unter dem Strich bleibt, sind wenige positive gesundheitliche Aspekte der probiotischen Joghurts (zum Beispiel kann die Häufigkeit und Dauer bestimmter Durchfallerkrankungen abgemildert werden), die aber in ähnlicher Form auch von herkömmlichen Joghurts erzielt werden können. Deshalb reicht es völlig aus, konventionelle Sauermilchprodukte zu kaufen. Das bestätigt auch eine aktuelle Studie der Wissenschaftler der Universität Wien. Die Wirkung von probiotischen Joghurts und konventionellen Naturjoghurts wurde über einen Zeitraum von einem Monat mit 30 Probandinnen getestet. Ergebnis: Beide Joghurtarten stimulierten die Immunabwehr, deutliche Vorteile des teureren probiotischen Produkts zeigten sich jedoch nicht.[36]

Fruchtjoghurt: Aroma statt Frucht

Die Fruchtjoghurts sind wahre Verführer – knackige Früchte auf der Verpackung laden zum Kauf ein. Doch der Schein trügt: Ein 150-Gramm-Becher Erdbeerjoghurt enthält nur circa eine halbe Erdbeere, auch wenn auf dem Etikett meist fünf bis zehn Früchte abgebildet sind. Und das ist nach einer Richtlinie der Lebensmittelindustrie noch die «fruchtigste» Kategorie: Joghurt mit Fruchtzubereitung und Joghurt mit «…geschmack» enthalten noch deutlich geringere Fruchtanteile. Zudem ist auch nicht immer das drin, was draufsteht, denn eine Kontrolle, ob wirklich die angegebene Frucht verarbeitet wurde, ist äußerst aufwendig und wird von den Behörden routinemäßig nicht durchgeführt. So können Erdbeeren durch Apfelpüree mit Rote Bete-Saft ersetzt werden, Aprikosen durch Kürbisstücke – den Betrügern ist fast nicht auf die Schliche zu kommen.

Bezeichnung des Joghurts	Mindestfruchtanteil	Menge der Früchte in Gramm in einem 150-Gramm-Becher
Fruchtjoghurt, zum Beispiel Erdbeerjoghurt	Mindestens sechs Prozent	Neun Gramm (circa eine halbe Erdbeere)
Joghurt mit Fruchtzubereitung	Mindestens 3,5 Prozent	Knapp sechs Gramm (circa ⅓ Erdbeere)
Joghurt mit Erdbeergeschmack	Unter 3,5 Prozent	Unter sechs Gramm

Eine Durchschnittserdbeere wiegt circa 17 Gramm.

Quelle:[37]

Die niedrigen Fruchtgehalte werden gerne kaschiert, indem nur der Prozentsatz der Fruchtzubereitung angegeben wird. Lassen Sie sich davon nicht ins Bockshorn jagen, denn der tatsächliche Fruchtgehalt ist deutlich geringer: Er muss nur mindestens 35 Prozent der Fruchtzubereitung betragen, bei Himbeerfruchtzubereitungen sogar nur 30 Prozent. Der Rest der Zubereitung besteht aus Zucker, Bindemitteln und Zusatzstoffen. Beispiel: Auf Ihrem Joghurt steht in der Zutatenliste «Mit zehn Prozent Fruchtzubereitung» – das bedeutet, dass tatsächlich nur ungefähr 3,5 Prozent Frucht enthalten sind.

Ist rechtsdrehende Milchsäure gesünder?

Einige Joghurtmarken tragen immer noch den Hinweis auf die im Produkt vorhandene rechtsdrehende Milchsäure. Für gesunde Erwachsene ist der Hinweis überflüssig, da sie sowohl rechts- als auch linksdrehende Milchsäure ohne Beeinträchtigung abbauen können. Vermutungen, dass linksdrehende Milchsäure den pH-Wert des Blutes beeinflusst, erwiesen sich als haltlos. Die rechtsdrehende Variante wird lediglich etwas schneller verstoffwechselt, da nur sie auch im menschlichen Körper selbst gebildet wird und entsprechende Enzyme zum schnellen Abbau vorhanden sind. Säuglinge sollten im ersten Lebensjahr keine linksdrehende Milchsäure aufnehmen, da ihr Stoffwechsel noch nicht voll ausgereift ist.

Warum gibt es links- und rechtsdrehende Milchsäure? Die Unterscheidung in links- und rechtsdrehende Milchsäure hat physikalisch-chemische Gründe und ist abhängig von dem Bakterienstamm, der zur Joghurtherstellung verwendet wurde. Beide Formen der Milchsäure sind identische Moleküle, die sich nur in einer einzigen Eigenschaft unterscheiden: Wenn sie mit einem bestimmten Licht bestrahlt werden, dreht die rechtsdrehende Milchsäure das Licht nach rechts, die linksdrehende nach links.

Wie Ihnen Zusatzstoffe untergeschoben werden

Prinzipiell müssen Zusatzstoffe (E-Nummern) in der Zutatenliste angegeben werden, aber auch bei dieser Kennzeichnungsvorschrift finden Anbieter Schlupflöcher. Falls eine E-Nummer nur ein «technischer Hilfsstoff» ist, werden Sie über dessen Einsatz nicht informiert.

Lebensmittelkennzeichnungsverordnung § 5

(…)

(2) Als Zutaten gelten nicht

(…)

2. Stoffe der Anlage 2 der Zusatzstoff-Verkehrsverordnung (Anmerkung: damit sind Zusatzstoffe gemeint), Aromen, Enzyme und Mikroorganismenkulturen, die in einer oder mehreren Zutaten eines Lebensmittels enthalten waren, sofern sie im Endprodukt keine technologische Wirkung mehr ausüben (…).

Ein Beispiel: Bei einem Joghurt mit Himbeerzubereitung setzen Hersteller den Zusatzstoff modifizierte Stärke (E 1410) ein, die als Bindemittel beziehungsweise Stabilisator dient, um die Himbeere in der Fruchtzubereitung homogen zu verteilen. Nach der Mischung der Fruchtzubereitung mit dem Joghurt – so die Argumentation des Gesetzgebers und der Anbieter – übt der Zusatzstoff keine technologische Wirksamkeit mehr aus. Die zugesetzte Menge reicht nicht aus, um das gesamte Endprodukt zu stabilisieren; dadurch wird aus dem kennzeichnungspflichtigen Zusatzstoff ein «technischer Hilfsstoff», der verschwiegen werden darf. Verraten wird dieser Trick teilweise durch die nebulöse Formulierung «Im Joghurtanteil ohne Bindemittel». Ein solches Vorgehen ist quasi mit jedem Zusatzstoff möglich: Wird eine Fruchtzubereitung zum Beispiel mit Sorbinsäure (E 200) konserviert, die Menge dieses Zusatzstoffes reicht aber nicht aus, um das Endprodukt (den fertigen Joghurt) zu konservieren, so werden Sie einen Hinweis auf den verwendeten Zusatzstoff vergeblich suchen. Nur wenn ausdrücklich «Ohne Konservierungsstoffe» auf dem Etikett steht, dürfen keine enthalten sein.

Von Natur keine Spur

Doch wie kommt dann der Geschmack in den Joghurt? Mit Aromen aus dem Labor wird kräftig nachgeholfen; diese «natürlichen Aromen» stammen aber praktisch nie von der Frucht selbst, sondern werden aus «natürlichen» Rohstoffen gewonnen. Natürliche Rohstoffe sind zum Beispiel Holzspäne, aus denen Aromakomponenten, wie sie in Erdbeeren enthalten sind, isoliert werden. Überdies sind die Produkte gemessen am wahren Fruchtgehalt um ein Vielfaches überaromatisiert.

Ausführliche Informationen zum Thema Aromen finden Sie im Kapitel *Fertiggerichte: Nicht wie selbst gekocht!*, S. 130.

Verwirrung um den Fettgehalt

Fettarme Joghurtvarianten sind bei Verbrauchern sehr beliebt. Der Fettgehalt des Milchanteils wird von den Anbietern gerne herausgestellt – dass er tatsächlich deutlich höher ist, kann man nur im Kleingedruckten nachlesen.

Ein Beispiel: Ein Anbieter von Stracciatella-Joghurt betont den Fettgehalt der Milch (1,5 Prozent). Tatsächlich hat der Joghurt aber insgesamt fast doppelt so viel Fett (2,9 Prozent), da die enthaltenen Schokoladensplitter den Fettgehalt in die Höhe treiben. Verbraucherfreundliche Kennzeichnung sieht anders aus.

Kalorienfalle: Magerjoghurt mit Frucht

Magerjoghurt mit Frucht enthält wohl nur einen geringen Fettanteil (0,3 Prozent), doch damit fehlt auch ein wichtiger Geschmacksträger. Das wird oftmals durch eine zusätzliche Portion Zucker ausgeglichen, sodass man in diesen Lebensmitteln bis zu 15 Prozent Gesamtzuckergehalt findet. Tappen Sie deshalb nicht in die Kalorienfalle: Fettarme Fruchtjoghurts haben oft mehr Kalorien als Naturjoghurt mit 3,5 Prozent Fett. Eine kalorienarme Alternative ist fettarmer Naturjoghurt, dem Sie selbst frische Früchte hinzufügen.

Ein weiterer Trick, Sie über den tatsächlichen Kaloriengehalt des Produktes zu täuschen, ist die Angabe der Nährstoffe für 100 Gramm und nicht für die gesamte Portion, beispielsweise 125 oder 150 Gramm. Wer den Kaloriengehalt des ganzen Bechers erfahren möchte, muss nachrechnen.

Milchprodukte mit künstlichen Vitaminen – unnötig aufgepeppt

Um den Produkten ein gesundes Image zu verleihen, werden sie oft mit Vitaminen angereichert, was vollkommen unnötig ist und einen Gesundheitswert vortäuscht, der vor allem bei zuckerreichen Produkten nicht vorhanden ist. Eine neue EU-Verordnung (auch *Health Claims*-Verordnung genannt) soll die

Werbung mit Vitaminen bei solchen Produkten in den nächsten Jahren verbieten, wenn nicht gleichzeitig zum Beispiel auf den hohen Zuckergehalt hingewiesen wird. Sie trat zum 1. Juli 2007 in Kraft. Lange Übergangsfristen und die bislang fehlende Festlegung, ab welchem Prozentsatz auf den hohen Zuckergehalt oder anderer negativer Inhaltsstoffe (zum Beispiel Fett oder Kochsalz) hingewiesen werden muss, lassen frühestens 2009 eine Verbesserung bei der Kennzeichnung erwarten.

Die zurzeit geltende Mindestmenge, die gesetzlich vorgegeben ist, um mit Vitaminzusätzen werben zu können, beträgt 15 Prozent des Tagesbedarfs – und aus diesem Grund wird auf vielen Fertigprodukten genau dieser Prozentsatz herausgestellt.

Deutsche Markenbutter aus Deutschland?

Butter ist nach wie vor sehr beliebt, obwohl der Verbrauch rückläufig ist – 6,4 Kilogramm verspeist jeder Deutsche pro Jahr, das sind immerhin zwei Päckchen pro Woche für eine vierköpfige Familie. Zwei Handelsklassen sind in der Butterverordnung festgelegt, aber im Supermarktregal finden Sie praktisch nur die qualitativ wertvollere «Deutsche Markenbutter», die bei Qualitätsprüfungen (hinsichtlich des Geruchs, des Geschmacks oder der Streichfähigkeit) mindestens vier von fünf möglichen Punkten erreichen muss. Die zweite Handelsklasse «Deutsche Molkereibutter» benötigt nur drei Punkte.

Auch wenn der Name «Deutsche Markenbutter» es nahelegt, muss die Ausgangszutat Sahne (Milch) nicht aus Deutschland stammen, sondern kann auch aus anderen Ländern importiert werden – ein weiteres Beispiel für irreführende Herkunftsbezeichnungen.

Ist Butter gleich Butter?

Auf den Butterverpackungen finden sich selbstverständlich Abbildungen von Kühen auf der Weide, aber in der Realität sieht es auch hier anders aus. Das ergab eine Untersuchung von Greenpeace Ende 2006, die sich mit der Fettsäurezusammensetzung in der Butter befasste. Ist der Anteil an gesunden Omega-3-Fettsäuren (ungesättigte Fettsäuren) in der Butter besonders niedrig, so standen die Milchkühe nicht auf der Weide, sondern wurden überwiegend im Stall mit Kraftfutter gefüttert. Manche Produkte, die schlecht abschnitten, schmückten sich sogar mit der Auszeichnung «Weidebutter» – eine klare Verbrauchertäuschung.

Wer artgerechte Weidehaltung beziehungsweise die Fütterung mit Grünfutter bei Milchkühen unterstützen will, sollte auf Nummer sicher gehen und Bio-Butter kaufen, die am besten abschnitten. Bio-Butter enthält ungefähr doppelt so viele Omega-3-Fettsäuren wie herkömmliche Butter.

Die gesundheitlichen Vorteile durch Omega-3-Fettsäuren dürfen jedoch nicht überbewertet werden, da Butter insgesamt nur geringe Mengen davon enthält. Sie unterstützen mit dem Kauf aber die Herstellung von Produkten, die auf einer artgerechteren Haltung der Kühe basieren. Deutlich größere Mengen der Omega-3-Fettsäuren sind in verschiedenen Fischarten (zum Beispiel Hering) oder in pflanzlichen Ölen (zum Beispiel Rapsöl) vorhanden.

Halbfettbutter: Teuer bezahltes Wasser

Butter darf seit der Einführung des EU-Binnenmarktes mit Wasser gemischt und in den Varianten Halbfett- oder Dreiviertelfett-Butter angeboten werden. Normale Butter darf maximal 16 Prozent Wasser enthalten, bei Halbfettbutter sind es mehr als 50 Prozent – und zudem kosten diese Butter-Varianten bis zu zehn Prozent mehr als normale Butter. Neben den Geschmackseinbußen müssen Sie noch eine Reihe von Zusatzstoffen hinnehmen: Emulgatoren (sogenannte Monodiglyceride) sorgen dafür, dass die Mischung von Wasser und Fett überhaupt gelingt, Gelatine und Konservierungsmittel (E210: Sorbinsäure) machen das Produkt haltbar. Zum Braten ist fettreduzierte Butter deshalb nicht geeignet, da sie beim Erhitzen zu stark spritzt.

Bezeichnung	Erlaubte Zutaten und Zusatzstoffe	Fettgehalt
Butter	Säuerungskulturen, Salz und der natürliche Farbstoff Betacarotin (meist nur im Winter)	Mindestens 82 Prozent
Dreiviertelfettbutter	Zusätzlich Wasser, Stabilisatoren	60 bis 62 Prozent
Halbfettbutter	Zusätzlich Emulgatoren, Milcheiweiß, Konservierungsstoffe usw.	39 bis 41 Prozent

Quelle:[38]

Margarine: Gehärtet statt gesund?

Immer wieder werden wir gefragt, was besser sei: Margarine oder Butter? Für viele Genießer ist frische Butter Genuss pur, und sie verschmähen aus Prinzip das «Kunstfett» Margarine, das aromatisiert und mit Zusatzstoffen versetzt werden darf.

Viele Margarinen haben jedoch gegenüber der Butter einen Vorteil: Sie enthalten mehr gesunde ungesättigte Fettsäuren, die vor allem in den Pflanzenölen stecken, die zur Margarineherstellung verwendet werden. In tierischen Fetten überwiegt hingegen der Anteil an gesättigten Fettsäuren.

Wenn die pflanzlichen Öle allerdings gehärtet werden, um eine festere Konsistenz der Margarine zu erreichen, entstehen ungesunde Transfettsäuren, die den Cholesterinspiegel erhöhen können, wodurch langfristig auch das Herzinfarktrisiko steigt. In verschiedenen Ländern (Dänemark, teilweise auch in den USA) gibt es deshalb Grenzwerte für den Gehalt von Transfettsäuren, in Deutschland bisher noch nicht. Die Margarine mit höherem Transfettsäuregehalt stellt bei normalem Verzehr noch kein hohes Risiko dar, aber leider sind diese unerwünschten Stoffe nicht nur in Margarine enthalten, sondern stecken in vielen Fertigprodukten: frittierte Fast-Food-Produkte, Knabberartikel, Kartoffelchips, Fertigkuchen oder Billiggebäck. Meiden Sie deshalb Lebensmittel, die in der Zutatenliste «gehärtete» oder «teilweise gehärtete Pflanzenfette» ausweisen.

Pflanzliche Margarine: Ganz schön tierisch

Wie wir schon mehrfach erwähnt haben, dürfen Sie für Lebensmittel verwendete Namen nicht immer wörtlich nehmen. Das gilt auch für «Pflanzenmargarine», denn der Gesetzgeber erlaubt die Verwendung von zwei Prozent Fett tierischen Ursprungs – eine unappetitliche Erkenntnis für Vegetarier. Wer Margarine kaufen möchte, die aus 100 Prozent Pflanzenölen hergestellt wurde, muss auf die Angabe «Reine Pflanzenmargarine» achten.

4 Brot: Fabrikbrot oder selbst gebacken?

Bei unserem Gang durch den Supermarkt sind wir nun in der Brotabteilung mit abgepackten Backwaren angekommen; direkt daneben befindet sich der Backshop, der in keinem Supermarkt fehlen darf. Frische Brötchen und Brote werden dort den ganzen Tag über aus dem Backofen gezogen: aufgebackene Teiglinge, die tiefgefroren vermutlich aus Osteuropa geliefert werden. Traditionelle Bäcker bezeichnen Backshops deshalb gerne als «Bräunungsstudios für Brötchen».

Aufgebackene Brötchen: Ganz heiß auf E-Nummern

Ein Manko dieser Brötchen: Sie sind eigentlich nur warm genießbar, da es sich um Einheitsware handelt, deren Herstellung nur mit Hilfe von Chemie möglich ist. Hier eine Auswahl der am häufigsten verwendeten Zusatzstoffe:

- E 920 Cystein: Mehlbehandlungsmittel: Vereinfacht die maschinelle Verarbeitung, erhöht die Elastizität des Teiges und ermöglicht aufgeblähte Brötchen. Wurde früher aus Menschenhaaren, Federn oder Schweineborsten hergestellt, heute unter anderem mit Hilfe gentechnisch veränderter Mikroorganismen.

- E 471 Mono- und Diglyceride von Speisefettsäuren: Machen Teige großvolumig und tiefkühlgeeigneter, halten billiges Brot länger frisch und verzögern das Altbackenwerden von Brötchen.

- E 339–343 Phosphate: Säuerungsmittel für Roggenbrote, wenn auf Natursauerteig verzichtet wird, verkürzt die Gehzeit des Teiges; Backtriebmittel, das aus Backpulver Kohlendioxid freisetzt.

- E 415 Xanthan: Verleiht den tiefgefrorenen Backwaren Gefrierstabilität, damit sie wieder aufgetaut werden können und wie frisch gebacken schmecken.
- E 300–302 Ascorbinsäure und Salze davon: Verkürzen die Mehlreifezeit, macht Teige elastischer und ermöglicht größeres Volumen.
- E 262 Natiumacetat: Salz der Essigsäure, wird bei Weißbrot-Backwaren eingesetzt, wirkt wie ein Konservierungsmittel und verlängert die Haltbarkeit von Brot, verhindert die Brotkrankheit «Fadenziehen» durch Mikroorganismen, Teigsäuerungsmittel.

Über all diese chemischen Stoffe erfahren Sie nichts, denn eine Kennzeichnung ist bei losen Backwaren nicht vorgesehen – eine Regelung, die noch aus der Zeit stammt, in der Brot und Brötchen nur von geschulten Bäckereifachverkäuferinnen verkauft wurden. Im Backshop erhalten Sie ganz sicher keine ausreichenden Informationen über Zutaten und Zusatzstoffe.

Kleine Brötchen backen?

Haben Sie sich schon einmal gefragt, wie viel ein Brötchen wiegen muss – 50 oder 70 Gramm? Es gibt für Brötchen zwar eine Regelung das Gewicht betreffend, aber keine Vorgabe des Mindestgewichts. Brötchen gehören zum sogenannten Kleingebäck; in den Leitsätzen für Brot und Kleingebäck ist definiert, dass ein Brötchen maximal 250 Gramm wiegen darf. Es bleibt also jedem Anbieter freigestellt, wie schwer seine Brötchen bis zu dieser formalistischen Grenze sind. 50 bis 60 Gramm ist das Durchschnittsgewicht, doch es werden auch Brötchen angeboten, die nur 40 Gramm wiegen. Vergleichen können Sie nicht; die Anbieter können jederzeit das Teiggewicht reduzieren und unbemerkte Preiserhöhungen durchsetzen.

Brot auf Diät

Auch bei frischem Brot wird bisweilen beim Gewicht geschummelt. Wie kann es dazu kommen? Die Hersteller müssen den «Backverlust» in die ursprüngliche Teigmenge mit einberechnen, der entsteht, weil ein Teil des eingearbeiteten Wassers im Teig (je nach Sorte acht bis 14 Prozent) beim Backen verdampft. Wenn die Teigmenge falsch berechnet wird, kommt es zu Untergewicht. Die Vorgaben des Gesetzgebers lassen jedoch viel Spielraum: Ein Kilogramm Brot darf direkt nach dem Backen mit einem Gewicht von 970 Gramm verkauft werden. Da die Austrocknung nach dem Backen weiter voranschreitet, kann das Mindestgewicht jedoch noch weiter sinken. Ein Kilogramm unverpacktes Weizenbrot, das 24 Stunden nach dem Backen im Supermarkt 930 Gramm wiegt, liegt noch im Toleranzbereich.

Wenn möglich, überprüfen Sie das Gewicht eines Brotes und lassen Sie es bei Untergewicht liegen.

Phantasienamen täuschen Qualität vor

Mit Namen wie *Joggingbrot*, *Olympiabrot* oder *Klosterbrot* buhlen die Hersteller um ihre Kunden. Suggerieren die ersten beiden Namenskreationen Sportlichkeit, so assoziiert man beim *Klosterbrot* einen handgefertigten Teig mit natürlichen, reinen Zutaten. Leider ist auch das nur eine Illusion, da die Namen nichts über die Qualität oder die Art der Herstellung aussagen. Im Gegenteil: Meistens werden diese Brote aus standardisierten Backmischungen hergestellt und deutschlandweit vertrieben.

In der Abteilung direkt neben dem Backshop finden Sie das abgepackte und relativ lange haltbare Brot, das nach dem Backprozess zusätzlich konserviert wird. Dazu werden die Brote in hitzebeständige Plastikbeutel verpackt, mit einem Clip verschlossen, für circa 15 Minuten auf 70 Grad Celsius erhitzt und sind damit etwa 14 Tage haltbar. Bei Schnittbrot wird oft zusätzlich noch das Konservierungsmittel Sorbinsäure (E 200) eingesetzt.

Brot im «Vollkornlook»

Vollkornbrot ist in und gesund: Es enthält viele Ballaststoffe, die sich positiv auf die Darmgesundheit auswirken, ist vitaminreich, da die Mehrzahl der Vitamine unter der Schale im Korn sitzen und nicht im Mehlkörper, der nur für helles Brot vermahlen wird. Vollkornroggenbrot ist überdies ganz ohne Konservierungsstoffe lange haltbar. Dies sind gute Argumente für ein Vollkornbrot – und für Hersteller, die Ihnen Brot im «Vollkornlook» verkaufen möchten. Brote mit geringem Vollkornanteil werden mit Zuckerrübensirup oder Malzerzeugnissen gefärbt, damit sie dunkel und kräftig aussehen, und oft noch mit Sonnenblumen- oder Kürbiskernen garniert. Besonders dreist sind die Anbieter, die den Begriff «Vollkorn» in irreführender Weise benutzen. Auf der Verpackung eines Toastbrots, gefärbt mit Zuckerrübensirup, einem Vollkornanteil von nur 17 Prozent und 1,7 Prozent Weizenkeimen statt der geforderten 90 Prozent prangt in großen Lettern «Vollkorn». Eindeutig irreführend – etwas abgesetzt und deutlich kleiner ist der Zusatz «Powered by» hinzugefügt. Diese Formulierung soll eine Beanstandung durch die Behörden verhindern.

Überprüfen Sie bei abgepacktem Brot mit einem Blick auf die Zutatenliste, ob das Brot den schon erwähnten Leitsätzen gemäß wirklich aus 90 Prozent Vollkornmehl hergestellt wurde, und entlarven Sie die Farbstoffe, die oft ganz am Ende in der Zutatenliste stehen.

Trendbrote: Besser nicht mit der Mode gehen

Auch neue Brotsorten sollten Sie kritisch bewerten: *Glyxbrot* zum Beispiel ist «in», da es angeblich deutlich mehr Ballaststoffe als Weißbrot enthält. So soll der Blutzuckerspiegel niedrig gehalten werden und die Sättigung lange vorhalten. Nüchtern betrachtet ist teures Glyxbrot nichts anderes als Vollkornbrot, dem ein trendiges Image verpasst wird. Dafür müssen Sie allerdings tiefer in die Tasche greifen – dabei reicht Vollkornbrot völlig aus.

Ähnlich verhält es sich mit dem angepriesenen *Omegabrot*, dem gesunde Omega-3-Fettsäuren zugesetzt wurden. Über die Menge der zugefügten Fettsäuren erfahren Sie bei losem Verkauf aber nichts. Greifen Sie deshalb lieber zu Lebensmitteln, die «echte» Omega-3-Fettsäuren enthalten – bestimmte Fischarten (Hering) oder Rapsöl (siehe auch **Ist Butter gleich Butter?**, S. 86).

5 Kaffee und Tee: Verführen mit dem Verwöhnaroma

Das «Verwöhnaroma» lockt Sie nun in die Abteilung mit den wohlschmeckenden Wachmachern, und Sie stehen vor den verschiedensten Kaffee-Varianten. Deutschland ist gleich hinter den USA und Brasilien der drittgrößte Kaffeemarkt auf der Welt – und das merken Sie auch am Supermarktregal. Die vielen Coffeeshops, deren Kreationen die Kunden auch zu Hause probieren möchten, haben dazu beigetragen, dass neben normalem Kaffee immer mehr Spezialitäten ins Regal kommen. Einen starken Aufwärtstrend verbuchen die teebeutelähnlichen Kaffeepads.

Die Zeiten, als Tee einfach nur Tee hieß, sind auch vorbei: Wohlklingende Namen wie *Sommernachtsträume*, *Sonne des Buddhas*, *Quelle der Erholung*, *Körper und Seele* oder *Hol Dir Kraft*, *Bleib jung* und parfümähnliche Düfte sollen Ihre Sinne benebeln und zum Kauf anregen. Warum umständliche Yoga-Übungen machen, wenn schon ein Glas Tee Körper und Seele in Einklang bringt?

Kostenfalle Pads: Nichts für Dauertrinker

Der klassische Filterkaffee, das beliebteste Getränk der Deutschen, wird im Handel oft als Lockangebot mit besonders niedrigen Preisen eingesetzt; die Händler liefern sich teilweise regelrechte Preisschlachten. Das gilt allerdings nicht für die Pads, die insbesondere von Singles gern gekauft werden. Bei den Kaffeekonzernen und Supermarktinhabern sind diese einzelnen Kaffeeportionen vor allem deshalb beliebt, weil sich mit ihnen viel höhere Gewinne erzielen lassen.[39]

Seien Sie sich darüber bewusst, dass diese zweifelsfrei praktischen Portionen im Vergleich zu einer normal aufgebrühten Tasse Kaffee bis zu viermal teurer sein können. Pads verschlingen nicht nur auf Dauer viel Geld, sie beinhalten teilweise auch künstliche Aromastoffe. Dabei enthält normaler Röstkaffee, eines unserer aromatischsten Nahrungsmittel, allein schon über 1000 natürliche Aromastoffe – ein sinnlicher Genuss ohne künstliche Hilfen.

Der Weg in die Familienidylle

Bei der deutschen Fernseh-Kaffeefamilie ist die Welt in Ordnung – doch bevor sich das «Verwöhnaroma» entfalten kann, muss auf den Kaffeeplantagen der Entwicklungsländer hart gearbeitet werden. Viele Plantagenarbeiter erhalten Niedrigstlöhne, und um zu überleben, müssen teilweise auch Kinder mitarbeiten. *TransFair-Kaffee* hilft den Plantagenarbeitern, indem ihnen ein Mindestlohn garantiert wird, sich so die soziale

Situation verbessert und Kinderarbeit eingedämmt wird. Das Bio-Siegel garantiert, dass weder die Plantagenarbeiter noch die Umwelt den giftigen Pestiziden ausgesetzt sind – und durch das steigende Verantwortungsbewusstsein der Verbraucher steigen die Absatzzahlen für Fair- und Bio-Kaffee.

Der Früchtetee-Irrglaube

Glauben Sie auch, der Früchtetee Ihrer Wahl enthalte Extrakte aus echten Früchten? Das ist leider ein Irrtum – diese Tees sind in der Regel künstlich aromatisiert. Eine richtige Frucht oder richtige Vanille enthält der Tee häufig nur in minimalen Spuren; die Beimengungen von getrockneten Früchten dienen manchmal nur «zur Tarnung». Das Zutatenverzeichnis kann Ihnen dann Aufschluss darüber geben, ob beispielsweise «getrocknete Erdbeeren» enthalten sind oder nur «Aroma». Und wenn das Aroma noch vor den Erdbeeren steht, können Sie die Erdbeeren meistens nicht einmal mit der Lupe finden.

Zu viel Wellness versprochen

Wellnesstees für «sanfte Ausgeglichenheit» und «um die Seele aufzumuntern» sind meistens deutlich teurer als normale Kräutertees, denn Wellness ist zurzeit sehr gefragt. Doch die Ausgaben für Tees mit zugesetzten Vitaminen oder Pflanzenextrakten, die als Wellnesstees viel Entspannung versprechen, können Sie sich sparen.

Die beigefügten Extrakte sind in der Regel in mikroskopisch kleinen Mengen zugesetzt (zum Beispiel zwei Prozent Aloe Vera), und ihre Wirksamkeit, vor allem in Tees und in diesen geringen Mengen, ist nicht wissenschaftlich erwiesen – das gilt sowohl für Aloe Vera als auch für viele andere «Wellnessextrakte» wie Ingwer, Orangenschale oder Fenchel. Leider sind die Preise alles andere als mikroskopisch, und die zugesetzten Vitamine, beispielsweise Vitamin C, werden durch das heiße Wasser ohnehin zerstört. Natürlich ist leckerer Tee, in Ruhe und netter Umgebung getrunken, eine schöne Art der Entspannung. Ohne «Wellnessversprechen» zahlen Sie dafür aber oft nur die Hälfte.

6

Fleisch:
Aus Alt mach Neu

Mittlerweile stehen Sie vor der Fleischtheke und freuen sich auf ein saftiges Steak, ganz nach dem Motto «Fleisch ist ein Stück Lebenskraft» – mit diesem Slogan wollte Sie die *Centrale Marketing-Gesellschaft der deutschen Agrarwirtschaft mbH* (CMA) lange davon überzeugen, wie gesund und wertvoll dieses Lebensmittel ist. Doch die Wirklichkeit sieht anders aus. Obwohl die gefährliche Tierseuche BSE fast keine Rolle mehr spielt, reihte sich in den letzten Jahren ein Fleischskandal an den anderen: Rückstände von Arzneimitteln und Wachstumshormonen, Gammelfleisch oder ungenießbare Schlachtabfälle, die bei Fleischprodukten untergemischt wurden – eine unvollständige Liste der «Schweinereien», die zu großer Verunsicherung bei den Verbrauchern führte.

Wo befinden sich die Fallen an der Fleischtheke?

Gammelfleisch: Die Tricks der Fälscher

Dumpingpreise für Fleisch, vor allem für Hackfleisch, werden in der Werbung der Einzelhandelsketten noch immer gerne als Lockvogel verwendet. Dass bei solchen Preisen die Qualität oft auf der Strecke bleibt, wird billigend in Kauf genommen – im Fokus steht die Steigerung des Profits, auch wenn die Gesundheit der Verbraucher Schaden nehmen kann. Betrogen wird auf dem ganzen Weg von Schlachthof bis zur Verkaufstheke, und bei kaum einer anderen Warengruppe bemängeln Lebensmittelkontrolleure so viel wie beim Billigfleisch. Jede fünfte Probe wird nach dem *Jahresbericht Lebensmittelüberwachung 2005* des *Bundesamts für Verbraucherschutz und Lebensmittelsicherheit* (*BVKL*) beanstandet, und immer wieder stehen einzelne Supermarktfilialen im Verdacht, Fleisch umzupacken und mit einem neuen Haltbarkeitsdatum (Verbrauchsdatum) zu versehen, altes und frisches Fleisch zu vermischen oder aufgetaute Ware als Frischfleisch zu verkaufen. Aufgetautes Fleisch ist hinsichtlich des Aromas, der Zartheit oder Saftigkeit wertgemindert, deshalb muss es laut Fleischverordnung auch mit dem Hinweis «Aufgetaut – sofort verbrauchen» versehen werden. Doch daran halten sich nicht alle Anbieter, und dank einer Gesetzeslücke ist es sogar möglich, Fleisch, das nach dem Auftauen zum Beispiel mariniert oder zu Rouladen verarbeitet wurde, nicht zu kennzeichnen. Auf dem Höhepunkt der BSE-Krise wurde unverkäufliches Rindfleisch eingefroren und den Verbrauchern Monate später aufgetaut ohne einen Hinweis als Roulade vorgesetzt.

Älteres Fleisch kann auch durch Einreiben mit bestimmten Flüssigkeiten – etwa Essigwasser – im Geruch ein wenig neutralisiert werden. Beliebt ist auch der Trick, altes Fleisch, das optisch als solches zu erkennen wäre, zu marinieren und mit Gewürzen beziehungsweise mit Geschmacksverstärkern zu versehen, denn eine Überprüfung der Qualität des Fleisches ist dadurch nicht mehr möglich. Kaufen Sie solche Produkte nur bei vertrauenswürdigen Fleischabteilungen.

Eine weitere Methode, billigeres Fleisch aufzuwerten, ist der verbotene Einsatz von Enzymen. Diese Zartmacher verwandeln ein zähes Stück Rindfleisch in ein zartes Steak. Der natürliche Weg ist das Abhängen des Fleisches, was aber Zeit und Geld kostet und nicht immer in die industrielle Fleischproduktion passt.

Tipp: Fleischqualität erkennen

Als Verbraucher kann man sich nur schwer vor diesen Machen-
schaften schützen. Wir empfehlen Ihnen aber, beim Einkauf
Ihre Sinne zu nutzen:

- Fleisch sollte leicht glänzen und niemals schmierig aussehen.
  Es sollte auf Fingerdruck fest sein, nicht zu sehr nachgeben,
  auf keinen Fall schwammig wirken und keine Druckstellen
  aufweisen.
- Die Farbe des Fleisches ist von der Tierart abhängig, sollte
  aber auf keinen Fall gräulich oder grünlich aussehen. Frisches
  Schweinefleisch ist rosa und hell glänzend, Geflügelfleisch ist
  zum Teil noch etwas heller (zartrosa); je nach Fütterung, zum
  Beispiel mit Mais, kann die Farbe ins Gelbliche gehen. Rindfleisch ist dunkelrot, Lammfleisch dagegen hellrot. Frisches
  Fleisch vom Wild sollte rötlich bis fast dunkelbraun sein.
- Frisches Fleisch verströmt einen relativ neutralen, zum Teil
  leicht säuerlichen Geruch. Ein milchsaurer, strenger oder
  süßlicher Geruch ist ein Zeichen für gammliges Fleisch.
- Teilstücke von Fleisch sollten eine trockene Anschnittsfläche
  haben, das spricht für ein gutes Safthaltevermögen. Abge-
  packtes Fleisch sollte nicht im eigenen Saft schwimmen.

Separatorenfleisch: Aus dem letzten Rest
Profit schlagen

Für Separatorenfleisch werden letzte Fleischfetzen maschinell von den Knochen getrennt, indem sie unter hohem Druck
durch ein Sieb gepresst werden. Die harten Knochen bleiben
zurück, das weichere Fleisch, Bindegewebe und Fett passieren
den Filter; dabei wird die Faserstruktur des Fleisches zerstört.
Charakteristisch für Separatorenfleisch sind auch Rückstände
von Knochensplittern, wie sie sonst nicht im Fleisch vorkommen. Rein rechtlich darf diese «Masse» nicht mehr als Fleisch

bezeichnet werden, sondern muss auf dem Etikett als Separatorenfleisch ausgewiesen werden.

Separatorenfleisch wird seit der BSE-Krise kritisch bewertet, da bei der Gewinnung Hirn- und Nervengewebe in das Endprodukt gelangen können. Um den Eintrag von BSE-Risikomaterial zu verhindern, ist die Verwertung von Rinder-, Schafs- oder Ziegenknochen verboten. Separatorenfleisch wird deshalb hauptsächlich aus Geflügelknochenresten gewonnen und findet sich in billigen Geflügelwürsten wieder, die vor allem in türkischen Geschäften angeboten werden. Die Lebensmittelüberwachung moniert regelmäßig die Verwendung von Separatorenfleisch ohne entsprechende Kennzeichnung.

Vereinzelt wird statt Separatorenfleisch der scheinbar harmlose Ausdruck «MEF-Fleisch» (maschinell entbeintes Fleisch) verwendet. Die Verwendung dieses Begriffs ist verboten, was aber dubiose Fleischhändler nicht davon abhält, ihn zu benutzen.

Hackfleisch: Brühwarm statt eiskalt

Hackfleisch ist leichtverderblich, da beim Zerkleinern des rohen Fleisches die Zellmembran teilweise zerstört wird und das Fleisch aufgrund seiner großen Oberfläche besonderen mikrobiologischen Belastungen ausgesetzt ist. Damit sich krankmachende Keime nicht vermehren können, müssen unter anderem während der Verarbeitung und natürlich auch im Supermarkt strenge Temperaturvorgaben eingehalten werden, doch daran hapert es, wie Untersuchungen zeigen. Bis zu 14 Grad Celsius wurden bei Proben im Einzelhandel gemessen, obwohl die maximale Lagertemperatur für sogenanntes «EU-Hackfleisch» nur maximal zwei Grad Celsius betragen darf.

EU-Hackfleisch wird von speziellen Großbetrieben mit EU-Zulassung hergestellt, «unter Schutzatmosphäre verpackt», in einer tiefen Kunststoffschale angeboten und ist etwa eine

Woche haltbar – beim Metzger um die Ecke darf selbst gemachtes Hackfleisch nur am Tag der Herstellung verkauft werden.

Vor allem in heißen Sommern und in Supermärkten mit Kühleinrichtungen ohne Abdeckung wird das Hackfleisch zum gesundheitsgefährdenden Problemfall – circa 20 Prozent der Salmonellenerkrankungen beim Menschen gehen auf Schweinehackverzehr zurück.

Tipp: Überprüfen Sie die Temperatur in der Kühltheke Ihres Supermarktes mit Hilfe eines mitgebrachten Thermometers. Beträgt die Temperatur über zwei Grad Celsius, sollten Sie leichtverderbliches Fleisch woanders kaufen. Beim Transport nach Hause sollte die Kühlkette möglichst nicht unterbrochen werden. Verzehren Sie Hackfleisch möglichst am selben Tag und überschreiten Sie auf keinen Fall das Verbrauchsdatum. Es gilt nur bei den vorgegebenen Temperaturen, bei höheren verkürzt sich entsprechend die Haltbarkeit.

Schöne Farbe durch Schutzatmosphäre

Die schon erwähnten Plastikschalen, in denen Hackfleisch und andere Fleischprodukte angeboten werden, tragen den Hinweis «Unter Schutzatmosphäre verpackt» – bei der Verpackung des Produktes wurde die Umgebungsluft entzogen und meist durch ein Gemisch von Kohlendioxid und reinem Sauerstoff (Verhältnis meist 40:60) ersetzt. Dieses Schutzgas erfüllt zwei Funktionen: Es dient zur Haltbarkeitsverlängerung und sorgt für eine besonders «schöne» rote Farbe. Kohlendioxid hemmt beispielsweise das Wachstum vieler Pilze, Hefen sowie bestimmter Bakterienarten, und der Zusatz von Sauerstoff ist notwendig, um das Fleisch, vor allem Hackfleisch, nicht unappetitlich grau aussehen zu lassen. Die Gase (Kohlendioxid oder Sauerstoff) haben nach dem heutigen Kenntnisstand keine negativen Auswirkungen auf die Qualität der Lebensmittel.

Frischfleisch aus dem Rotlichtviertel?

Oft verliert das Frischfleisch bei Tageslicht seine rosige Farbe, wird fahl und weniger appetitlich. Das liegt an der Thekenbeleuchtung, denn in vielen Supermärkten werden Sie hinters Licht – sozusagen hinters Rotlicht – geführt. «Attraktive Warenpräsentation» oder «Optimierung der Eigenfarbe» nennen es die Anbieter und verwandeln ihre Fleischtheke in ein Rotlichtviertel. Unter diesen Bedingungen können Sie frische Ware kaum von altem, gräulichem Fleisch unterscheiden. Prüfen Sie – falls möglich – die Produkte unter anderen Lichtquellen oder bei Tageslicht.

Legaler Etikettenschwindel mit dem Haltbarkeitsdatum

Verpacktes Fleisch und Fleischprodukte tragen entweder ein Mindesthaltbarkeitsdatum (MHD) oder ein Verbrauchsdatum sowie Temperaturvorgaben, die Voraussetzung für die tatsächliche Haltbarkeit der Lebensmittel sind. Die vom Hersteller geforderten Kühlbedingungen können im Haushalt jedoch meist nicht eingehalten werden – so werden insbesondere bei vorbereiteten Fleischprodukten (beispielsweise bei marinierten Filetstreifen oder vorportionierten Geflügelstücken) Lagertemperaturen von maximal vier Grad Celsius gefordert – bei leichtverderblichen (beispielsweise frischen Brühwürsten) sogar zwei Grad Celsius. In einem herkömmlichen Kühlschrank herrschen hingegen Temperaturen von sechs bis acht Grad Celsius, sodass die Lebensmittel am Ende des Haltbarkeitsdatums nicht mehr genießbar sein können.

Tipp: Wenn Sie nicht über einen modernen Mehrzonen-Kühlschrank mit den erforderlichen Temperaturen (zwei bis vier Grad Celsius) verfügen, lagern Sie die Produkte kurzzeitig an der kältesten Stelle – meist auf der untersten Glasplatte in der

Nähe des Verdampfers – und verbrauchen Sie diese dann zügig. Das Mindesthaltbarkeitsdatum oder Verbrauchsdatum sollte nicht bis zum letzten Tag ausgeschöpft werden, vor allem wenn die Lagerbedingungen nicht den Vorgaben entsprechen.

Was bedeutet das Mindesthaltbarkeitsdatum, was das Verbrauchsdatum?

Mit dem Mindesthaltbarkeitsdatum (MHD) beziehungsweise dem Aufdruck «Mindestens haltbar bis …» garantieren die Hersteller bis zu diesem Datum eine einwandfreie geschmackliche und hygienische Qualität. Waren mit «abgelaufenem» MHD dürfen mit einem Hinweis weiterhin auch ohne Preisminderung verkauft werden, allerdings ist dann der Händler für die einwandfreie Qualität verantwortlich und hat diese zu überprüfen. Nicht erlaubt ist, Lebensmittel, die gekühlt werden müssen, ohne Kühlung in einer Sonderaktion anzubieten.

Nicht zu verwechseln ist das MHD mit dem Verbrauchsdatum oder der Kennzeichnung «Zu verbrauchen bis …». Dieses Datum ist ein Verfallsdatum, nach dessen Erreichen leichtverderbliche Waren nicht mehr im Handel vertrieben werden dürfen.

Wiener Schnitzel aus Schweinefleisch

Eine Vielzahl an Verordnungen, Richtlinien oder Leitsätzen sollen die Kunden vor minderwertigem Fleisch oder Fleischprodukten schützen, doch nicht immer nehmen die Anbieter dies ernst – dann wird das Wiener Schnitzel auch einmal aus Schweine- statt aus Kalbfleisch hergestellt, und die Panade fällt auch ein wenig üppiger aus (vorgeschrieben sind maximal 20 Prozent des Gesamtgewichtes). Wir haben einige weitere Beispiele für Sie zusammengestellt.

Fettnäpfchen Hackfleisch

Wird bei der Herstellung von Hackfleisch minderwertiges Fleisch verwendet, so ist der Anteil von wertvollem Eiweiß aus dem Muskelfleisch zu gering und der Fettanteil zu hoch. Mindestgehalte an Eiweiß und Höchstgehalte für Fett sind gesetzlich geregelt, so darf beispielsweise Rinderhackfleisch maximal 20 Prozent und gemischtes Hack 30 Prozent Fett enthalten. Sehr blasses Fleisch ist ein Zeichen für einen zu hohen Fettanteil.

Frikadellen: Mehr Brötchen oder Fleischprodukt?

Frikadellen sind ein weiteres Beispiel für Produkte, die oft nicht den Vorgaben entsprechen. Es wird an der Qualität des Fleisches gespart, nicht erlaubtes Fleisch verwendet und der billige Brötchenanteil (Stärke) gegenüber dem Fleischanteil vergrößert. In Frikadellen von redlichen Anbietern dürfen maximal 25 Prozent Stärke enthalten sein.

Fleisch und Wurst mit Wasser und Gelatine gepanscht

Regelmäßig werden Betrügereien aufgedeckt, bei denen das Gewicht von Fleisch und Wurst mit Wasser erhöht wird, was nach deutschem Recht nicht erlaubt ist. Um diese Panscherei zu kaschieren, setzten die Produzenten verbotenerweise zusätzlich Proteinhydrolysate – vergleichbar mit Gelatine – zu, tierische oder pflanzliche Eiweiße, die mit Säuren unter Druck gespalten wurden. Mit Hilfe neuerer Methoden können solche Proteine aus Tierblut und Häuten hergestellt werden, dienen als Bindemittel und sind neben dem echten Fleischeiweiß nur schwer nachzuweisen. Das Wasser wird mit dem Bindemittel in das Fleisch eingespritzt und mit Tumblern (rotierenden Trommeln) gleichmäßig verteilt. Erst seit kurzer Zeit hat die Lebensmittelüberwachung die Möglichkeit, dies zweifelsfrei nachzuweisen.

Sehr verbreitet ist der Einsatz dieses «schnittfesten Wassers» bei billigem Geflügelfleisch (Hähnchenfilet, Hähnchen- und Putenbrust). Besonders verdächtig sind Fleischzubereitungen mit Würze, die legal Proteinhydrolysate beinhalten dürfen. So soll zum einen der fade Geschmack von Billigfleisch aufgepeppt und zum anderen eine Wasserzugabe verschleiert werden.

Auch bei sogenannten Kochpökelprodukten wird mit Fremdwasser gestreckt. Das bekannteste Beispiel ist der beliebte Kochschinken: Er wird üblicherweise als Ganzes aus dem Hinterschinken gewonnen, enthält viel Eiweiß und wenig Fett (Fleischanteil circa 90 Prozent). Oft wird jedoch Schinken minderer Qualität verwendet, zusammengesetzte kleine Fleischstücke aus dem Vorderschinken (Formfleischschinken) oder gar Schinkenimitate mit fein zerkleinertem Fleisch (circa 50 Prozent), viel Wasser und Proteinhydrolysate als Bindemittel. Diese Produkte dürfen nur mit einer entsprechenden Kennzeichnung angeboten werden.

Kalbsleberwurst ohne Kalbsleber

Kalbsleberwurst: Eigentlich sagt der Name deutlich, was in der Wurst enthalten sein sollte, nämlich Kalbsleber. Weit gefehlt! In der Regel wird stattdessen Schweineleber verwendet und zusätzlich Kalbfleisch (circa 15 Prozent) hinzugefügt. Hier wird Ihnen unter irreführendem Namen ein höherwertiges Produkt vorgegaukelt – ganz legal. Ähnlich verhält es sich bei Geflügelwürsten (Geflügelmortadella, Putensalami, Geflügelleberwurst). Diese werden generell mit billigem Schweinefleisch «aufgefüllt». Nur bei der Bezeichnung «Reine Geflügelwurst» dürfen Sie 100 Prozent Geflügelfleisch erwarten – wenn sich der Hersteller an die Gesetze hält. Wer Schweinefleisch meiden will, muss die Zutatenliste studieren, um diese irreführenden Bezeichnungen zu enttarnen.

Fettfalle Schweinefleisch

Seit einigen Jahren gibt es eine EU-weite Definition für Fleisch, die einige Vorteile für die Verbraucher brachte. So muss die Tierart des verwendeten Fleischs generell auf dem Etikett angegeben werden, und Innereien oder Schlachtnebenprodukte dürfen auf verpackten Fleischprodukten nicht mehr hinter dem Begriff Fleisch versteckt sein. Ein Nachteil der Definition sind die erheblichen Mengen an anhaftendem Fett und Bindegewebe (minderwertiges Eiweiß), wie Speck, Schwarten oder Haut, die mitverarbeitet werden dürfen. Hierfür gibt es zwar Grenzwerte, werden diese aber eingehalten, dürfen die Angaben «Fett» und «Schwarten» entfallen. Eine Fleischwurst, die als Zutat auf dem Etikett nur mit «Schweinefleisch» (neben Trinkwasser, Salz, Gewürzen und Zusatzstoffen) gekennzeichnet ist, kann bis zu 30 Prozent Fett enthalten.

Rindfleisch ohne Herkunftsangabe

Frisches verpacktes Rindfleisch muss als eines der wenigen Lebensmittel auf dem Etikett eine Herkunftskennzeichnung tragen. Die Herkunftsländer der Geburt, Mast, Schlachtung und Herstellung müssen genannt werden – eine wichtige Information, wenn man bedenkt, dass die Rinderkrankheit BSE den größten Lebensmittelskandal der letzten Jahrzehnte ausgelöst hat. Viele Einzelhändler haben jedoch eine Lücke in der Verordnung entdeckt und wissen, wie man die Angabe umgehen kann. Auf den ersten Blick sieht das Produkt aus wie frisches unbehandeltes Rindfleisch, aber beim genauen Studieren der Kennzeichnung findet sich der harmlose Hinweis «Küchenfertig zubereitet», und auf der Rückseite werden Zutaten und Zusatzstoffe aufgeführt. Die Auswirkungen sind eklatant: Es wird nicht nur der offensichtlich fade Geschmack des Fleisches mit Gewürzen und Aromen kaschiert, sondern durch diesen

Verarbeitungsschritt von den Herstellern und Händlern legal die Herkunftsangabe des Fleisches vertuscht. Das belegt ein Marktcheck der *Verbraucherzentrale Hessen* im Dezember 2006. Der Trick wurde bei dieser Untersuchung nur Discountern nachgewiesen.

Die Verpackung teuer mitbezahlt?

Sie haben sich für den leckeren, aber teuren Parmaschinken entschieden. 100 Gramm für 3,99 Euro – man gönnt sich ja sonst nichts. Die Frage «Darf es ein bisschen mehr sein?», haben Sie noch wohlwollend mit «Ja» beantwortet und machen sich zufrieden mit 110 Gramm zu 4,49 Euro auf den Weg zur Kasse. Wahrscheinlich haben Sie nicht mitbekommen, dass die Mitarbeiterin das zehn Gramm schwere Ölpapier mitgewogen hat, was Sie stolze 40 Cent kostet. Durch diese Masche zahlen die Verbraucher Millionen Euro zu viel, obwohl die Rechtslage eindeutig ist: Nach der Eichverordnung dürfen «Gewichtswerte, die der Preisermittlung zugrunde liegen, nur als Nettowerte angegeben werden».

Es handelt sich dabei nicht um Einzelfälle, was das Ergebnis der eichbehördlichen Schwerpunktaktion 2005 gezeigt hat. Bei circa 5000 Stichproben in ganz Deutschland wurden 20 Prozent beanstandet; Unterfüllungen von fünf bis zehn Prozent waren keine Seltenheit. Der häufigste Wert für das mitgewogene Verpackungsmaterial bei den geprüften Wurst- und Fleischwaren lag bei zwölf Gramm. Bei Käse sind die Tara-Gewichte etwa um die Hälfte niedriger, da dort leichte Folie verwendet wird (siehe auch *Die Verpackung zahlen Sie mit*, S. 70).

Tipp: Achten Sie an der Bedientheke, ob die sogenannte «Tara» für das Verpackungsmaterial an der Waage eingestellt wird.

7

Fisch:
Aalglatt ist nicht alles

Sie steuern nun auf die Fischtheke zu, die meist mit blauem, «frischem» Licht angestrahlt wird. Häufig duftet es zitronig-süß, und von den Fertigpackungen in der Truhe lächelt Sie der alte Seebär *Käpt'n Iglo* an. Bevor Sie bei den Fischangeboten schwach werden und leeren Versprechungen ins Netz gehen, hier ein paar Tipps zum Fischkauf.

Viele Fischbestände wie Kabeljau, Schollen, Aale oder Rotbarsch sind bedroht – auch wenn es im Supermarkt so aussieht, als seien genug Fische in den Meeren und die Netze der Fischer immer randvoll.

Überfischte Meere: Kaufen Sie keine Babyfische

Die Fischbestände in den Meeren sind so sehr von Überfischung bedroht, dass weltweit 60 bis 70 Prozent aller Fischarten als überfischt gelten. Wenn wir auch in Zukunft noch Fisch essen wollen, muss die Überfischung der Meere gestoppt werden, aber leider werden Ihnen in vielen Geschäften viel zu kleine Fische angeboten, die noch keine Chance hatten, zu laichen und sich fortzupflanzen. Das gefährdet die Zukunft der Fischbestände, ganz abgesehen davon, dass die zu kleinen Fische, die manchmal hauptsächlich aus Haut und Gräten bestehen, auch geschmacklich unbefriedigend sind. Untersuchungen der *Verbraucherzentrale Hamburg* zeigten, dass insbesondere Schollen, Kabeljau oder Makrelen aus Nord- und Ostsee noch im «Babyalter» verkauft werden.[40] Geben Sie sich nicht mit kleinen Fischen zufrieden! Die Mindestgröße bei Nordseefischen beträgt zum Beispiel für ganze Heringe (27 Zentimeter), Schollen (39 Zentimeter), Makrelen (34 Zentimeter) oder Dorsch beziehungsweise Kabeljau (68 Zentimeter). Bei vielen Verbraucherzentralen gibt es entsprechende Maßbänder, sogenannte «Fisch-O-Meter», die dabei helfen, die Mindestgröße zu erkennen; auch tiefgefrorenes Filet können Sie damit messen. Weitere Informationen finden Sie im Internet unter www.fisch-o-meter.de.

«Fischers Fritze fischt» ... bald gar nichts mehr

Die industrielle Großfischerei oder die Schleppnetzfischerei, bei der der Meeresboden regelrecht «umgepflügt» wird, tragen zum Ausrotten von Fischarten bei. Damit die Zukunft der weltweiten Fischbestände gesichert wird, werden nun nachhaltige Fischereibetriebe mit einem neuen Siegel ausgezeichnet, dem *MSC*-Umweltsiegel (*Marine Stewardship Council*). Inzwischen tragen weltweit 22 Fischereien dieses Label, und schätzungsweise sieben Prozent des globalen Fischfangs stammen aus *MSC*-Fischerei.

Das Maßband für den nachhaltigen Fischeinkauf

Bevorzugen Sie Fische und Fischfertiggerichte mit diesem Siegel, denn dies ist ein wichtiger Ansatz zur Rettung der Bestän-
de. Folgende Anbieter verkaufen Fische
und Fischprodukte aus *MSC*-zertifizierter
Fischerei: *Deutsche See, Iglo, Frosta, Fried-
richs, Popp.* Im Handel gibt es die Fische
aus nachhaltiger Fischerei zum Beispiel bei
Lidl, Metro oder *Aldi* (nur Alaskalachs).

Eine Übersicht der bedrohten Fischarten und entsprechenden
Kaufempfehlungen hat der *WWF* (*World Wildlife Found*)
zusammengestellt.

Annehmbar	Bedenklich	Bedrohlich
Alaska Seelachs (MSC)	Alaska Seelachs	Ostseedorsch
Alaska Wildlachs (MSC)	Makrele	Rotbarsch
Forelle	Seehecht	Scholle
Hering	Zuchtlachs (Norwegen)	Seezunge
Seehecht (Südafrika, MSC)	Zuchtlachs (Schottland)	Zuchtlachs (Chile)

Surimi: Das nachgemachte Krebsfleisch

Viele Salate mit Meeresfrüchten enthalten Surimi – ein wohl-
klingender Name für «Kunstkrebsfleisch», so schön, dass viele
hinter dieser Bezeichnung eine hochwertige asiatische Seafood-
Köstlichkeit vermuten. Leuchtend orangerot, wie Krabben-,
Krebs- oder Hummerfleisch geformt zieren Surimiprodukte so
manche Fischtheke und Sushi-Bar. In Wirklichkeit handelt es
sich jedoch um eine weiße, gepresste Masse aus zerkleinertem
Fischfleisch, die fast geschmacks- und geruchsfrei ist. Zur
Herstellung von Surimi aus Fisch und Fischresten werden die
Eiweißbestandteile herausgewaschen, entwässert und ausge-
presst und danach mit Bindemitteln und Geschmacksstoff

(zum Beispiel Krebsaroma) angereichert. Am Ende der Produktion geben die Designer noch einmal alles: Die Masse wird wie eine Krabbe oder Hummerfleisch geformt und mit Farbstoffen optisch aufgepeppt, damit das Kunstprodukt dem Original möglichst ähnlich sieht.

Surimi wird vor allem auf japanischen und amerikanischen Fabrikschiffen hergestellt und weltweit vermarktet. Dieses Imitat täuscht häufig teuer aussehende Hummer- oder Krebsbeilagen vor, und insbesondere bei lose verkauften Salaten «vergisst» so mancher Supermarktbesitzer, den Surimigehalt zu kennzeichnen. Wer unverfälschte Meeresfrüchte essen möchte, sollte dieses Krebstierfleischimitat meiden.

Gewichtskontrolle: Wasser bei die Fische

Meeresfrüchte aus der Tiefkühltruhe sind nicht billig, und die Versuchung, Fischen und Shrimps auf ihrem Weg zum Käufer noch etwas gefrorenes Wasser mitzugeben, ist groß. Jeder einzelne Tropfen Wasser bedeutet für die Anbieter bares Geld, aber das Eis, das die Meeresfrüchte konserviert, dürfte Ihnen eigentlich nicht berechnet werden. Zwar gibt das Abtropfgewicht an, wie viele Krabben oder Garnelen die Verpackung enthält, oft tropft aber nach dem Auftauen zu viel Wasser weg. Eine Untersuchung der Sendung *Markt* im Mai 2006 ergab, dass bei 22 von 34 Proben, die willkürlich im Supermarkt ausgewählt wurden, das Abtropfgewicht nicht erreicht wurde. Nur wenige Hersteller waren großzügig, und in einem Fall wurde eine halbe Garnele quasi gratis verschenkt.[41] Ähnliche wässrige Ergebnisse erzielte das *Institut für Fischkunde* in Cuxhaven; bei 32 von 255 Fischereierzeugnissen wies es Polyphosphatzusätze nach. Diese verhindern Abtropf-Wasserverluste beim Auftauen und können missbräuchlich auch die Einbindung von Fremdwasser in das Muskelgewebe von Shrimps oder Fischstäbchen bewirken. Dieser Zusatz ist gesetzeswidrig, denn der polyphosphathaltige Fisch wird durch den «Mitverkauf von Wasser» zwar nicht gesundheitsschädlich, aber schwerer und damit teurer.[42] Wenn Meeresfrüchte nach dem Auftauen zu wenig wiegen, sollten Sie sich bei Ihrem Supermarkt beschweren.

Der Fisch stinkt vom Kopf her ...

Lassen Sie sich keinen alten Fisch andrehen, der deutlich «nach Fisch riecht». Während der Lagerung auf Eis setzt allmählich ein Verderb durch Bakterien ein, und die Haut des Fischs wird zunehmend blasser. Bei alten Fischen wird die Schleimschicht trübe, die Kiemen färben sich dunkelrot bis bräunlich und die Augen fallen ein. Fangfrischer Fisch hingegen hat eine leuchtend gefärbte Haut und ist mit einer wasserklaren Schleimschicht überzogen. Die Augen sind prall und gewölbt, die Kiemen sind hellrot und klar und das Fleisch fest und elastisch. Der Fisch riecht frisch und nach Seetang.

Schönfärberei bei Thunfisch

Immer wieder tauchen im Handel Thunfischfilets auf, deren außergewöhnlich intensive rote Farbe auffällt, die an reife Himbeeren erinnert. Die natürliche Färbung des Fisches ähnelt aber eher einer frisch geschnittenen Melone. Diese intensiv roten Fisch-Zuschnitte wurden gesetzeswidrig mit Kohlenmonoxid (CO) begast. Wer dieses Gas anwendet, handelt illegal; es entsteht zwar keine direkte Gesundheitsgefährdung durch die Begasung, aber das behandelte Fleisch sieht lange frisch aus und lässt sich von «gammeligem» nicht mehr unterscheiden, da die altersbedingten Veränderungen der Farbe nicht erkannt werden können. Der Fisch kann schon schlecht oder mit Bakterien belastet sein, die Lebensmittelvergiftungen verursachen, sieht aber immer noch leuchtend rot aus. Dadurch wächst die Gefahr einer Histaminvergiftung, die zu Schwindel oder allergischen

Erscheinungen führt. Diese «Schönfärberei» ist offensichtlich weit verbreitet: das Veterinärinstitut in Cuxhaven fand in der Hälfte aller Thunfischproben zu hohe Kohlenmonoxidgehalte.[43]

Nicht fangfrisch: Wenn Ihnen verkeimter Lachs ins Einkaufsnetz geht

Seit vielen Jahren gibt es hygienische Probleme mit Räucherlachs und Graved Lachs, was in vielen Tests von *Stiftung Warentest* und *ÖKO-TEST* nachgewiesen wurde. Werbesprüche wie «Mit Frischegarantie» oder «Fangfrisch veredelt» hatten mit der nüchternen Wirklichkeit – Keime en masse – leider nicht viel zu tun. «Fangfrisch» besagt nichts, und dieser Begriff ist in keiner Lebensmittelverordnung definiert.

Zu lange Haltbarkeitsfristen auf der Verpackung, mangelnde Hygiene oder Defizite in der Kühlkette können die Ursache für zu viele Keime sein. Bei zahlreichen Untersuchungen erwiesen sich im Schnitt 15 Prozent der Proben als bakterienbelastet, zum Beispiel mit Listerien. Für gesunde Menschen ist eine Listerieninfektion harmlos und wird manchmal kaum bemerkt, doch für Risikogruppen sind diese Bakterien problematisch. Die Häufigkeit der Keimbelastung macht unerhitzten Lachs zum Problemprodukt für Immunschwache, Schwangere (Listerien können das ungeborene Leben schädigen), Kleinkinder, Ältere oder Kranke. Die Krankheitssymptome reichen von Fieber, Durchfall bis zur Blutvergiftung oder Hirnhautentzündung. Wenn Sie zu dieser Risikogruppe gehören, sollten Sie den Lachs möglichst einige Tage vor dem Ablauf des Mindesthaltbarkeitsbeziehungsweise Verbrauchsdatums essen und ihn in geöffneter Verpackung nie länger als zwei Tage im Kühlschrank lagern.

Eier:
Kauf kein Ei mit «3»

Wir setzen unseren Gang durch den Supermarkt fort – und gleich hinter der Kühltheke für Milchprodukte finden Sie das Eierregal. Auch hier zeigen die Verpackungen wieder idyllische Szenen: wunderschöne Bauernhöfe mit glücklichen Hühnern. In der Realität kommt immer noch ein Großteil der Eier von Hühnern, die in kleinen Käfigen ohne Tageslicht vegetieren.

Neuer Name – altes Prinzip

Diese Art der Haltung sollte eigentlich seit dem 1. Januar 2007 der Vergangenheit angehören. Der Ausstieg aus der tierunwürdigen Haltung war unter Verbraucherschutzministerin Künast schon längst beschlossen, doch die Käfigei-Lobby setzte nach dem Regierungswechsel durch, das Verbot aufzuweichen und sogenannte «Kleinvolieren» zuzulassen – ein beschönigender Ausdruck für eine nicht tierartgerechte Haltungsform. Die Legehennen haben zwar ein wenig mehr Platz – eine etwas größere Fläche als ein DIN-A4-Blatt pro Huhn –, Sitzstangen und einen Nestbereich, artgerechte Verhaltensweisen wie Aufbäumen, Flattern und Flügelstrecken sind jedoch in der Legebatterie nicht oder nur eingeschränkt möglich.

Glücklicherweise ist die Kennzeichnung für Hühnereier in den letzten Jahren deutlich verbessert worden. Jedes Ei muss mittlerweile mit einem Eiercode versehen sein, der Auskunft über Haltungsform und Herkunft gibt, egal, ob die Eier auf dem Wochenmarkt oder im Discounter angeboten werden. Die Kunden schätzen diese Informationen, und seit der Einführung der eindeutigen Kennzeichnung geht der Verkauf der Käfigeier kontinuierlich zurück. Nur noch 43 Prozent der im Einzelhandel gekauften Eier stammten 2006 aus Käfighaltung, Freiland- und Öko-Eier kommen zusammen auf 29 Prozent, Eier aus Bodenhaltung auf 27 Prozent. Die deutschen Eierproduzenten scheinen diesen Trend jedoch zu verschlafen, und immer mehr Eier aus Alternativhaltung müssen aus dem Ausland importiert werden.

Wenn Sie aktiven Tierschutz beim Einkauf betreiben wollen, achten Sie auf die Eierkennzeichnung. Unsere Empfehlung: Kauf kein Ei mit «3». Das ist die Zahl, die für Käfighaltung steht.

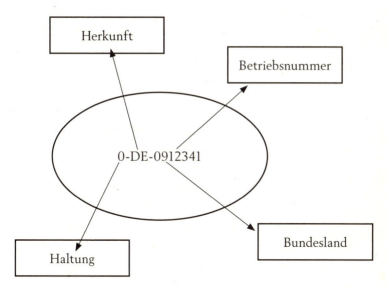

Entschlüsseln Sie den Kennzeichnungscode

Haltungsform:
0 = Ökologische Haltung: mindestens vier Quadratmeter Auslauffläche pro Tier, maximal sechs Tiere pro Quadratmeter im Stall, Bio-Futtermittel ohne Gentechnik

1 = Freilandhaltung: mindestens vier Quadratmeter Auslauffläche pro Tier, die an den Stall anschließt, Stalleinrichtung entspricht der Bodenhaltung

2 = Bodenhaltung: maximal neun Legehennen pro Quadratmeter; Scharrraum, Sitzstangen und Nester müssen vorhanden sein.

3 = Käfighaltung; Kleinvoliere in Deutschland: circa 30 Legehennen in einem 2,5 Quadratmeter großen «ausgestalteten Käfig», circa 50 Zentimeter hoch, mit Sitzstangen, Nest und zum Teil Kunststoffmatte als Ersatz für das Sandbad. Ab 2012 soll Käfighaltung in der EU verboten werden.

Herkunftsland (zum Beispiel):
DE = Deutschland
NL = Niederlande
FR = Frankreich
AT = Österreich
BE = Belgien

Bundesland: Die ersten beiden Ziffern von deutschen Eiern stehen für das Bundesland, in dem der Betrieb liegt:

01 = Schleswig-Holstein	09 = Bayern
02 = Hamburg	10 = Saarland
03 = Niedersachsen	11 = Berlin
04 = Bremen	12 = Brandenburg
05 = Nordrhein-Westfalen	13 = Mecklenburg-Vorpommern
06 = Hessen	14 = Sachsen
07 = Rheinland-Pfalz	15 = Sachsen-Anhalt
08 = Baden-Württemberg	16 = Thüringen

Betriebsnummer: Die dritte bis sechste Ziffer steht für den Betrieb, die siebte ist eine Stallnummer.

Eier aus «Nicht EU-Ländern» müssen auf dem Ei mit dem Herkunftsland und der Haltungsform gekennzeichnet werden. Sind keine vergleichbaren Haltungsbedingungen vorhanden, so muss die Angabe «Nicht-EU-Norm» lauten.

Käfigei drin – Kennzeichnung nicht drauf

Der direkte Verkauf von Eiern an die Kunden macht aber nur die Hälfte des Eiermarktes aus. Die andere Hälfte landet in der Lebensmittelindustrie oder Gastronomie, die zu 95 Prozent Käfigeier verarbeitet – ohne dass Sie es erfahren, denn die Kennzeichnung gilt nur für frische und unverarbeitete Eier. Käfigeier werden deshalb versteckt zur Herstellung von Backwaren, Nudeln und Fertiggerichten, aber auch in Kosmetika eingesetzt. Die vor Ostern so beliebten gefärbten und gekochten Eier fallen ebenfalls unter diese Kennzeichnungslücke, und Sie können davon ausgehen, dass fast alle diese Eier eigentlich eine «3» tragen müssten.

Eine Ausweitung der Kennzeichnung zur Haltung von Legehennen auf diese Produkte ist dringend notwendig, damit Sie am Supermarktregal erkennen können, aus welcher Haltungsform die Eier zur Herstellung verwendet wurden.

Verwirrung mit der Packstelle: Deutsche Eier aus den Niederlanden?

Ist das Ihnen auch schon passiert? Sie achten auf die Herkunft der Eier und lesen auf dem Eierkarton, dass die Packstelle (PN) in Deutschland liegt (die Packstellennummer ist entsprechend der Eierkennzeichnung aufgebaut: zum Beispiel DE-011234, wobei die ersten beiden Zahlen für das Bundesland stehen, die letzten Ziffern für den Betrieb), der Stempel auf dem Ei gibt dagegen die Niederlande als Herkunft an. Kann das sein? Ja, denn auf dem Karton ist lediglich die Angabe zum Sitz der Packstelle vorgeschrieben. Dort werden die Eier sortiert und verpackt. Sollte eine deutsche Packstelle angegeben sein, bedeutet das nicht, dass die Eier auf jeden Fall aus Deutschland stammen. Ausschlaggebend für die Herkunft ist immer der Stempel auf dem Ei.

Verwirrung um das Datum

Zum Teil werden auf den Eierkartons unterschiedliche Angaben zur Haltbarkeit gemacht. Für den besseren Durchblick hier die Auflösung zu den unterschiedlichen Zahlen:

Vorgeschrieben ist die Angabe des Mindesthaltbarkeitsdatums (MHD), das in der Regel 28 Tage beträgt. Sie können also anhand dieses Datums das Legedatum ermitteln, indem Sie 28 Tage vom MHD abziehen.

Eier müssen nicht von Anfang an gekühlt gelagert werden, erst ab dem 18. Tag ist im Supermarkt eine Kühlung notwendig. Auch dieses Datum ist auf dem Etikett mit den Worten «Bei fünf Grad Celsius bis acht Grad Celsius zu kühlen ab ...» gekennzeichnet. Achten Sie darauf, dass diese Vorschriften auch vom Einzelhandel eingehalten werden. Kunden reklamieren regelmäßig, dass sich die Händler nicht immer an diese Kühlvorgaben halten, was dazu führen kann, dass sich krankmachende Keime wie Salmonellen schneller vermehren können. Zu Hause sollten Sie die Eier auf jeden Fall im Kühlschrank aufbewahren.

Als einziges Lebensmittel dürfen Eier nicht bis zum Ende des MHD an die Verbraucher verkauft werden. Sieben Tage vor Ende des MHD – das sind 21 Tage nach dem Legedatum – müssen sie aus den Regalen geräumt werden. Das «übersehen» einzelne Anbieter; so stellt die Lebensmittelüberwachung jedes Jahr fest, dass trotz Verbot den Verbrauchern alte Eier untergeschoben werden.

Die Auszeichnung «Extra frisch» oder «Extra» auf der Eierverpackung darf nur bis zum neunten Tag nach dem Legedatum verwendet werden.

Übersicht zu den Datumsangaben bei Eiern (Beispiel)

Datum	Maßnahmen
1.5.	Legedatum
bis zum 10.5.	Auszeichnung «Extra frisch» oder «Extra» möglich
19.5	Eier müssen im Handel gekühlt werden
22.5	Eier müssen aus dem Supermarktregal geräumt werden, Verkauf nicht mehr erlaubt
29.5	Ablauf des Haltbarkeitsdatums

Vorsicht bei gefärbten und gekochten Eiern: Falls diese lose angeboten werden, tragen Sie kein MHD – das bedeutet, dass so manches alte Ei in Ihrem Osternest landen kann.

Vogelgrippe: Freilandeier aus dem Stall

Immer wieder werden Schutzmaßnahmen aufgrund der noch (latent) vorhandenen Vogelgrippeviren in Europa ergriffen, darunter fallen auch die Aufstallgebote für Freilandhühner. Eier und Geflügelfleisch dürfen maximal zwölf Wochen lang ab dem Beginn des verordneten Aufstallgebots als Freilandware gekennzeichnet und angeboten werden. Erst nach dieser Frist müssen sie bei bestehendem Freilandverbot entsprechend der tatsächlichen Haltungsform (zum Beispiel Bodenhaltung) etikettiert werden. Öko-Eier können ohne Einschränkung als solche gekennzeichnet werden, auch wenn die Tiere aufgrund der Schutzmaßnahmen nur im Stall leben.

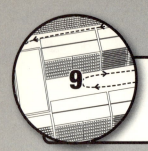

Alkoholfreie Getränke: Top oder Flop?

Nach den vielen Lebensmitteln, die Sie mit uns angeschaut und überprüft haben, kommen wir nun zur Getränke-Abteilung, wo wir die alkoholfreien Getränke ein wenig unter die Lupe nehmen wollen. Genug und das Richtige zu trinken, ist wichtig für eine gesunde Ernährung; 291,5 Liter alkoholfreie Getränke trank jeder Deutsche im Jahr 2006, das sind immerhin zehn Prozent mehr als vor vier Jahren. Im Supermarkt haben Sie die Qual der Wahl: Soll es Saft mit der Extra-Portion Vitamine sein, oder vielleicht das Fruchtsaftgetränk mit dem vermeintlich hohen Fruchtanteil? Das Sauerstoffwasser, das Sie richtig durchstarten lässt? Oder gar das Getränk, das Ihnen Flügel verleiht?

Gewöhnliches Mineralwasser war einmal, heute gibt es Wasser in Geschmacksrichtungen von A bis Z, von Aloe Vera bis Zitronengras, «Wellness» inklusive. Das Modewort ist hier zur hohlen Phrase mutiert, denn in kaum einer anderen Lebensmittelgruppe wird so viel versprochen und so wenig gehalten. Stattdessen gibt es Zucker satt: Bis zu 40 Zuckerwürfel pro Liter können einzelne Getränke enthalten.

Fruchtsaftgetränke: Die Illusion von vielen Früchten

Auf den ersten Blick können Sie Fruchtsaftgetränke leicht mit richtigem Fruchtsaft verwechseln. Die Bilder auf der Verpackung sind ein wahrer Augenschmaus, ernüchternd ist aber die Analyse der Inhaltsstoffe: Zucker statt Früchte, Aromastoffe statt natürlichem Geschmack. Da ist der günstige Preis dieser Getränke noch zu teuer.

Bei Fruchtsaftgetränken liegt der vorgeschriebene Fruchtgehalt zwischen sechs Prozent (Zitrusfrüchte) und 30 Prozent Kernobst (zum Beispiel Äpfel). Das bedeutet, dass ein Liter ungefähr den Saft einer halben Orange oder von gut zwei Äpfeln enthält. Zum Vergleich: Ein Liter Fruchtsaft wird aus ungefähr zehn Orangen beziehungsweise acht Äpfeln gepresst.

Der Rest der Fruchtsaftgetränke besteht aus Zuckerwasser und Aromastoffen. Insgesamt kann sich ein Gesamtzuckergehalt von bis zu 33 Zuckerwürfeln in diesen Getränken verstecken, wobei nur ein kleiner Teil aus der natürlichen Fruchtsüße stammt. Die Aromastoffe stammen angeblich überwiegend aus

Getränke mit Fruchtsaft: Der saftige Unterschied

Saftgehalt

Auszug aus den Leitsätzen für Erfrischungsgetränke (verändert und ergänzt)		
Zutaten im Fruchtsaftgetränk:	**Zutaten im Fruchtnektar:**	**Zutaten im Fruchtsaft:**
• 30 Prozent Fruchtgehalt bei Kernobst und Trauben beziehungsweise 10 Prozent bei anderen Früchten oder 6 Prozent bei Zitrusfrüchten • Zuckerarten (zum Beispiel Haushaltszucker, Glukose-Fruktose-Sirup) • Zusatzstoffe wie das Säuerungsmittel Zitronensäure und Konservierungsstoffe möglich • natürliches Aroma	• 50 Prozent Fruchtgehalt (zum Beispiel Apfel oder Orange), 25 Prozent bei anderen Früchten (zum Beispiel Johannisbeeren) • Zuckerarten bis zu 20 Prozent • Säuerungsmittel	100 Prozent Saft, meist aus Konzentrat. Dazu wird der Saft eingedampft, zur Herstellung mit Wasser verdünnt und das verloren gegangene Aroma wieder zugesetzt. Zuckerzusatz bei Birnen- und Traubensaft verboten, bei anderen Fruchtsäften unter Kennzeichnung möglich, bei Apfelsaft unüblich; nur beim Direktsaft muss der Saft unmittelbar aus der Frucht stammen.

den verwendeten Früchten, doch auch hier wird getäuscht, wie *Stiftung Warentest* im Mai-Heft 2007 aufgedeckt hat. Fremdaromen und naturidentische Aromen aus dem Labor täuschen einen Fruchtgehalt vor, der gar nicht vorhanden ist.

Da Fruchtsäfte von Natur aus süß sind, bedeutet «Ohne Zuckerzusatz» lediglich, dass kein zusätzlicher Zucker zugesetzt wurde. So enthält Apfelsaft natürlicherweise ungefähr gleich viel Zucker (vor allem Fruchtzucker) wie die Fruchtsaftgetränke.

Tipp: Fruchtsaftgetränke sind wertlose Billigprodukte und keine Durstlöscher. Fruchtsäfte enthalten relativ viel Fruchtzucker, deshalb empfehlen wir, diese nur verdünnt zu genießen.

Enttarnen Sie Zucker im Zutatenverzeichnis

Fast alle Zutaten, die auf der Silbe «-ose» enden oder «Sirup» im Wort enthalten, sind versteckter Zucker: Glukose (Traubenzucker), Fruktose (Fruchtzucker), Maltose (Malzzucker) und Lactose (Milchzucker). Weiterhin gehören Glukose-, Fruktose-, Maltose- und Karamellzucker sowie Invertsirup dazu. Auch «Traubensüße» ist nichts anderes als ein Zuckerauszug der Trauben.

Vor allem die mit Fruchtzucker gesüßten Getränke stehen im Verdacht, das Körpergewicht zu erhöhen. Das legen aktuelle Tierversuche nahe: Mäuse, die Flüssigkeiten mit Fruchtzucker tranken, nahmen im Untersuchungszeitraum doppelt so viel Gewicht zu wie andere Tiere, die Getränke mit normalem Haushaltszucker erhielten.

Zuckerfalle Erfrischungsgetränke: Gezielte Desinformation

Die Großen der Ernährungsindustrie (unter anderem *Coca-Cola* und *Nestlé*) haben im Mai 2007 bei der Nährwertkennzeichnung die Flucht nach vorne angetreten. Sie wollen nach und nach ihre Produkte auf der Vorderseite mit Kalorienangaben und dem prozentualen Anteil an der empfohlenen Tagesration kennzeichnen. Auf der Rückseite sollen detaillierte Angaben zu Zucker, Fett, gesättigten Fettsäuren und Salz gemacht werden. Damit will die Ernährungsindustrie die von vielen Experten geforderte «Kennzeichnungsampel» verhindern.

Die verbraucherfreundliche Ampelkennzeichnung in den Farben Grün, Gelb und Rot weist auf niedrige, mittlere oder hohe Gehalte an Fett, gesättigten Fettsäuren, Zucker und Salz hin. Damit können Sie die wesentlichen Angaben zu den Nährwerten eines Produktes auf einen Blick, unabhängig von der Portionsgröße, erkennen und Lebensmittel innerhalb einer Warengruppe miteinander vergleichen.

Die auf den ersten Blick erzielte verbesserte Transparenz entpuppt sich bei näherem Hinsehen vor allem bei den Erfrischungsgetränken als Mogelpackung. Statt den von Experten empfohlenen maximal 50 Gramm an zugesetztem Zucker pro Tag geben die Hersteller 90 Gramm an und verschweigen dabei, dass die Differenz natürlichen Zuckern aus Milchprodukten, Obst und Gemüse entstammen sollte. Bekanntermaßen enthalten Erfrischungsgetränke keine dieser Zutaten, sodass 50 Gramm die korrekte Höchstmenge an zugesetztem Zucker pro Tag wäre.

Die Schwindelei beschränkt sich also nicht nur auf die Werbung, sondern wird auch bei der Nährwertkennzeichnung fortgeführt.

Zur besseren Verdeutlichung haben wir die «Zucker-Mogelei» in einer Tabelle zusammengefasst.

Produkt-beispiele	Das steht auf dem Etikett nach Industrieberechnungen:	Das müsste auf dem Etikett stehen nach wissenschaftlichen Vorgaben:	Fiktive Ampelkennzeichnung
	Prozentualer Anteil an der maximalen Menge für zugesetzten Zucker (90 Gramm) pro Tag bei einem Kalorienverbrauch von 2000 Kalorien	Prozentualer Anteil an der maximalen Menge für zugesetzten Zucker (50 Gramm) pro Tag bei einem Kalorienverbrauch von 2000 Kalorien	
		Nach Umrechnung auf realistische Portionsgrößen	
Orangen-limonade 0,5 Liter	24 Prozent (22 Gramm Zucker) pro 250 Milliliter	88 Prozent (44 Gramm Zucker) für 0,5 l (1 Flasche)	rot
Koffeinhaltiges Erfrischungsgetränk 0,5 Liter	30 Prozent (27 Gramm Zucker) pro 250 Milliliter	108 Prozent (54 Gramm Zucker) für 0,5 l (1 Flasche)	rot
Cornflakes (mit Honig und Nüssen)	12 Prozent (11 Gramm Zucker) pro 30-Gramm-Portion	44 Prozent (22 Gramm Zucker) für 60-Gramm-Portion	rot
Weizenkleie-sticks	11 Prozent (10 Gramm Zucker) pro 40-Gramm-Portion	30 Prozent (15 Gramm Zucker) für 60-Gramm-Portion	rot

Fitness- und Wellness-Drinks: Wirkungslos, fruchtlos, Geld los

Vielleicht gehören Sie auch zu den «Health Active Shoppers», wie die Branche die Verbraucher nennt, die im Supermarkt Ausschau nach Lebensmitteln mit einem zusätzlichen Gesundheitsnutzen halten. Dann sind Sie die Zielgruppe für Getränke mit Pflanzen- und Kräuterextrakten, deren Dosierung aber leider zum Teil so mickrig ist, dass Sie nicht mit einem positiven Einfluss auf Ihre Gesundheit rechnen können. «Zellschutz», «Schutz vor freien Radikalen» und «Jungbrunnen» sind nur einige der Versprechungen; fundierte Nachweise für Wirkungen sind jedoch sehr selten vorhanden, und was nicht ausdrücklich verboten ist, wird auf das Etikett gedruckt. Das könnte sich in den nächsten Jahren ändern, denn laut der *Health Claims*-Verordnung sollen nur noch wissenschaftlich gesicherte Aussagen zugelassen werden (siehe auch ***Milchprodukte mit künstlichen Vitaminen – unnötig aufgepeppt***, S. 85). Dann gilt: «Was nicht ausdrücklich erlaubt ist, ist verboten.»

Diese Verordnung gilt bereits seit dem 1. 7. 2007, doch lange Übergangsfristen gewähren den Anbietern Schonzeiten.

Anhand eines Beispiels möchten wir Ihnen den derzeit noch möglichen Betrug bei solchen Getränken verdeutlichen:

Das Produkt: Fitnessgetränk
Die Werbebotschaft: «Bleib gesund»
Die Darstellung auf der Verpackung: knackige grüne Äpfel, im Hintergrund eine Sonne

Würden Sie bei einer solchen Gestaltung ein Getränk aus Mineralwasser, sieben (!) Zusatzstoffen und Aroma erwarten? Leider ist das aber die Realität, denn von Äpfeln findet sich in diesem Produkt keine Spur, auf dem Etikett wird lediglich der Begriff «Apfel-Geschmack» verwendet. Dieses Wort ist jedoch die Lizenz zum Täuschen, denn «Geschmack» bedeutet, dass Sie Früchte oder andere wertvolle Zutaten – auch wenn noch so viele abgebildet sind – vergeblich im Zutatenverzeichnis suchen werden.

Wie sich der Slogan «Bleib gesund» mit der Verwendung von zwei Konservierungs- und vier Süßstoffen vereinbaren lässt, bleibt ein Rätsel, da vor allem Süßstoffe von Wissenschaftlern kritisch bewertet werden. Gerade der unüberschaubare, massive Einsatz in vielen Lebensmitteln birgt die Gefahr, dass die täglich tolerierbare Menge (ADI-Wert: acceptable daily intake) besonders von Kindern schnell überschritten wird.

E 952 Cyclamat zum Beispiel, ein Süßstoff, der 30- bis 50-mal süßer als Zucker ist, wurde in den USA verboten, da er im Tierversuch in hohen Konzentrationen zu Blasenkrebs, verminderter Fruchtbarkeit und Zellveränderungen führte. Doch diese Studien sind umstritten, sodass sich die verantwortlichen Gremien in Europa zwar nicht zu einem Verbot durchringen konnten, aber den ADI-Wert für diesen Süßstoff senkten. Somit überschreitet ein Kind mit einem Körpergewicht von 15 Kilogramm die tolerierbare Tagesdosis bereits mit der Aufnahme eines cyclamathaltigen Getränks.[44]

Ebenso bedenklich sind Untersuchungsergebnisse der britischen Lebensmittelbehörde, die in Erfrischungsgetränken dieser Art den krebserregenden Stoff Benzol gefunden hat, der sonst in Benzin vorkommt. Ähnliche Ergebnisse für Wellnesswässer veröffentlichte auch *ÖKO-TEST* im Septemberheft 2006. Die Werte lagen zum Teil deutlich über dem gesetzlichen Grenzwert für Trinkwasser (für Erfrischungsgetränke gibt es keinen). Man vermutet, dass das giftige Benzol unter bestimmten Umständen aus den häufig verwendeten Konservierungsstoffen Natrium- oder Kaliumbenzoat entsteht. Und so wirken die Wellness- und Gesundheitsversprechungen wie blanker Hohn ...

Auch der Tausendsassa der Lebensmittelindustrie, die Zitronensäure E 330 – sie kommt in extrem vielen Fertiglebensmitteln vor – darf in einem solchen Getränk nicht fehlen. Das sorgt für Kritik der Zahnärzte, die beklagen, dass es durch den zunehmenden Einsatz immer häufiger zu Zahnschäden bei Kindern und Erwachsenen kommt, da die Säure den Zahnschmelz angreift.[45]

ACE-Getränke: Des Guten zu viel

Besonders beliebt sind Erfrischungsgetränke, die nicht nur den Durst löschen, sondern auch «gesund» sind – sie sorgen in erster Linie für stetiges Wachstum auf dem Markt der alkoholfreien Getränke. Dabei spielen sogenannte ACE-Getränke, die mit Betacarotin (einer Vorstufe des Vitamin A), Vitamin C und E angereichert sind, eine immer größere Rolle. Sie werden als Radikalfänger (Radikale können Zellschäden hervorrufen), Garanten für ein intaktes Immunsystem und als Mittel gegen vorzeitige Hautalterung angepriesen, obwohl in Deutschland kein Mangel an diesen Vitaminen herrscht. Quer durch alle Altersschichten und unabhängig vom Geschlecht sind Erwachsene laut aktuellem Ernährungsbericht mit diesen Vitaminen gut versorgt, ein Bedarf ist also nicht vorhanden. Angereichert wird trotzdem – doch «Viel hilft viel» ist in diesem Fall ein Trugschluss, da zu viele Vitamine schädlich sein können. So zeigt eine Studie, dass sich ab einer Tagesdosis von 267 Milligramm Vitamin E die Sterblichkeit von Herz-Kreislauf-Patienten erhöht, obwohl diese eigentlich präventiv mit dem Vitamin behandelt werden sollten. Ebenfalls in der Kritik steht das synthetische Betacarotin; hier sind besonders Raucher gefährdet, da eine Studie zeigt, dass bei regelmäßiger Einnahme von Betacarotin das Krebsrisiko steigt statt zu sinken. Das *Bundesinstitut für Risikobewertung* (BfR) hält eine tägliche Zufuhr von zwei bis vier Milligramm für angemessen und empfiehlt, Lebensmittel nicht mit Betacarotin anzureichern. Diese Fakten halten jedoch die wenigsten Anbieter ab, diesen umstrittenen Stoff zuzusetzen: Einer Untersuchung von *ÖKO-TEST* im Jahr 2006 zufolge enthielten 13 von 22 ACE-Getränken mehr als zwei Milligramm synthetisches Betacarotin pro Glas. Gerne wird das Betacarotin in der Zutatenliste als Provitamin A bezeichnet, um den in die Kritik geratenen Zusatz zu vertuschen.

Tipp: Achten Sie darauf, dass das Betacarotin in Getränken aus natürlichen Quellen wie etwa Obst und Gemüse (zum Beispiel Karotten, Aprikosen, Mangos) stammt. Kritische Überdosierungen durch Betacarotin aus natürlichen Quellen sind bisher nicht bekannt.

Sportlergetränke: Überflüssig und sonst nichts

Rein rechtlich gibt es keine Regelungen, was Sportlergetränke enthalten dürfen und was nicht, weshalb die Zutaten in Sportgetränken auch kunterbunt sind: Zucker, Süßstoffe, Farbstoffe, Vitamine und andere Stoffe, die Ihre Leistungsfähigkeit steigern sollen – prinzipiell alles überflüssig. Wunder sind von Sportlergetränken nicht zu erwarten, und bessere Leistungen werden lediglich durch intensives Training erreicht. Ein Sportlergetränk sollte zwei Funktionen erfüllen: Es muss den Flüssigkeits- und Mineralstoffverlust ausgleichen, und bei intensiveren Anstrengungen ist eine Energiezufuhr notwendig. Eine Fruchtsaftschorle erfüllt diese Anforderungen für Breitensportler optimal: Mineralstoffe wie Natrium, die beim Schwitzen verloren gehen, sind im Wasser vorhanden, und durch die Verdünnung kann die Flüssigkeit schneller vom Körper aufgenommen werden.

Auf keinen Fall sollten Sie während des Sports auf Energydrinks zurückgreifen, denn sie können eine Gefahr für Ihre Gesundheit darstellen. Der übermäßige Konsum kann zu akuten Kreislaufstörungen und zentralnervösen Beschwerden führen, und der hohe Zuckergehalt verlangsamt dazu noch die Flüssigkeitsaufnahme. Neben der anregenden Wirkung von Koffein sind positive Wirkungen von anderen Inhaltsstoffen wie zum Beispiel etwa Taurin oder Carnithin nicht bewiesen.

Sauerstoffwasser: Atmen Sie lieber einmal kräftig durch

Seit Ende der 90er Jahre bringen verschiedene Anbieter Sauerstoffwasser auf den Markt. Die Produktbeschreibung klingt verlockend: Reiner Sauerstoff, das Lebenselixier per se, gelöst in Wasser, sorgt für Vitalität, Fitness, gesteigerte Leistungsfähigkeit und ewige Jugend. Nüchtern betrachtet sehen die Fakten anders aus: Zehn- bis 15-mal mehr Sauerstoff wird mit Hilfe eines Hochdruckverfahrens in diese Wasser gepresst. Liegt der Sauerstoffgehalt im Trinkwasser im Mittel bei fünf Milligramm, versprechen die Anbieter zwischen 50 und 70 Milligramm Sauerstoff pro Liter. Das sind beeindruckende Zahlen, jedoch sind 70 Milligramm ein Klacks gegenüber den 580 Gramm Sauerstoff (knapp 10000-mal mehr), die ein Erwachsener im Ruhezustand pro Tag über die Atmung aufnimmt. Entsprechend dürftig ist deshalb die Datenlage zu den Werbeaussagen dieser Produkte wie etwa «Steigert körperliche Leistungskraft» oder «Stimuliert das Immunsystem». Im Grunde gibt es keine anerkannten wissenschaftlichen Studien, die den gesundheitlichen Vorteil von Sauerstoffwasser belegen. Deshalb sind andere Maßnahmen, die die Versorgung des Körpers mit Sauerstoff verbessern, wie etwa körperliche Aktivitäten an der frischen Luft, viel sinnvoller.

Tafelwasser: Fallen Sie nicht auf überteuertes Leitungswasser herein

Neben Mineralwasser finden Sie auch Quell- und Tafelwasser im Supermarktregal. Während Mineralwasser aus unterirdischen, vor Verunreinigungen geschützten Wasservorkommen gefördert wird und der Mineralstoffgehalt nicht verändert werden darf, ist Tafelwasser aufbereitetes Trinkwasser (Leitungswasser), das zum Beispiel mit Magnesium versetzt werden darf, um einen höheren Mineralstoffgehalt zu erreichen. Wenn Sie wissen, dass ein Liter Trinkwasser im Haushalt in Deutschland meist weniger als 0,4 Cent kostet, können Sie erahnen, welche Gewinnmargen bei solchen Tafelwässern möglich sind, die im Supermarkt für über 40 Cent pro Liter verkauft werden. Es spricht nichts dagegen, Leitungswasser zu trinken, aber es erscheint absurd, 100-mal teureres aufbereitetes Leitungswasser in Plastikflaschen vom Supermarkt nach Hause zu schleppen.

10

Fertiggerichte: Nicht wie selbst gekocht!

Bei der nächsten Station unseres Einkaufs stoßen wir auf die Fertiggerichte, auch «Convenience Food» genannt, die im Supermarkt immer mehr Raum einnehmen. Schauen wir uns die Produkte aus der «Zauberküche» einmal genauer an. Marktforschern zufolge soll die Zubereitung von Essen immer weniger Zeit in Anspruch nehmen, und die Verkaufszahlen von Fertigprodukten bestätigen dies. Der Pro-Kopf-Verzehr von Tiefkühlkost stieg in den letzten zehn Jahren von 25,4 Kilogramm auf 37,7 Kilogramm pro Jahr, wie das *Deutsche Tiefkühlinstitut* berichtet, eine fast 50-prozentige Steigerung. Noch deutlicher wird die Veränderung der Ernährungsgewohnheiten bei den Kartoffeln: Durfte früher zu keiner warmen Mahlzeit die selbst zubereitete Knolle (Verbrauch 1966: 109 Kilogramm frische Kartoffeln pro Kopf und Jahr) fehlen, kommen heute nur noch selten Pellkartoffeln (Verbrauch 2006: 31,1 Kilogramm pro Kopf und Jahr) auf den Tisch.[46] Stattdessen gibt es Pommes frites und Co., deren Marktanteil im selben Zeitraum um mehr als das Vierfache anstieg.

Die Produktvielfalt im Bereich der Fertigprodukte wird in den Supermärkten ständig erweitert. Neben Klassikern wie Tiefkühlpizza, Suppenkonserven oder Backmischungen spielen neuere Kreationen wie sogenanntes «Chilled food» (gekühlte und nur relativ kurz haltbare Lebensmittel) eine immer wichtigere Rolle, zum Beispiel frische Pasta in der Plastikschale, unter Schutzatmosphäre verpackt, fertige Pfannkuchen aus der Tube, die nur noch in die Pfanne gedrückt werden müssen oder Currywurst für die Mikrowelle. Aber auch leichtverderbliche Waren wie fertig geschnittener Salat mit Dressing versprechen gute Margen für Hersteller und Handel, die sich das höhere Abschreibungsrisiko aufgrund der geringeren Haltbarkeit teuer bezahlen lassen. Zudem fehlt den Verbrauchern angeblich die «Preiskompetenz und -sensitivität»[47], weswegen sie kaum Vergleiche anstellen. Nicht nur in dieser Hinsicht hat Bequemlichkeit ihren Preis; auch der gesundheitliche Aspekt soll bei Dauerkonsum nicht außer Acht gelassen werden.

Fertiggerichte sind ein wahres Sammelbecken für Zusatzstoffe (E-Nummern), die für die standardisierte Produktion benötigt werden oder die Lebensmittel haltbar machen sollen. Darüber hinaus leidet der Geschmack bei der industriellen Zubereitung und bei der Lagerung, weshalb mit Geschmacksverstärkern und Aromen nachgeholfen und ein Einheitsgeschmack erzeugt wird.

Aroma statt Natur

Hühnersuppe, die ohne Hühnerfleisch (stattdessen mit Hühnerfett) auskommt, Erdbeerjoghurt, der fruchtiger schmeckt als die Beere selbst, fertiges Gulasch, das würziger ist als das selbst gekochte – möglich macht das die Aromenindustrie mit ihren schätzungsweise 2500 im Labor hergestellten Substanzen. Ein Gramm davon kann circa zehn Kilogramm eines Lebensmittels mit Kunstgeschmack versehen; dies ist für die Herstellung der «Industrienahrung» viel kostengünstiger als die Verwendung hochwertiger aromatischer Lebensmittel. So betragen die Kosten für chemisch hergestellten Vanillegeschmack weniger als ein Prozent dessen, was echte Vanille kosten würde (wenn sie eine ungefähr gleiche aromatisierende Wirkung erzielen sollte).[48] Gekennzeichnet sind die Lebensmittel mit dem wenig aussagekräftigen Begriff «Aroma» in der Zutatenliste. Hinter diesem Wort verstecken sich drei mögliche Kategorien, auf die wir genauer eingehen möchten.

Natürliche Aromastoffe

Die Ausgangsstoffe für diese Aromen müssen pflanzlicher oder tierischer Herkunft sein. Daraus werden dann durch physikalische, gentechnische oder biotechnische Verfahren, meist mit Hilfe von Bakterien, Schimmelpilzen oder Enzymen, die Geschmacksstoffe isoliert. Aromen für Fruchtzubereitungen werden praktisch nie aus den namensgebenden Früchten beziehungsweise Pflanzen hergestellt. So lassen sich beispielsweise einzelne Bestandteile des Erdbeeraromas aus Holzspänen oder das Vanillearoma aus Holzabfällen der Papierindustrie gewinnen. Nur die Bezeichnungen «Natürliches Erdbeeraroma» oder «Erdbeerextrakt» garantieren, dass das Aroma überwiegend aus der Frucht stammt – doch diese Hinweise werden Sie vergeblich auf dem Etikett suchen.

Hühnersuppe ohne Huhn? Hühnerfleisch suchen Sie hier vergeblich, stattdessen weist die Zutatenliste nur Hühnerfett und jede Menge Geschmacksverstärker und Aromen aus.

Mit einem weiteren Trick sollen Sie optisch auf den Geschmack gebracht werden; bei den schwarzen Pünktchen im Vanilleeis oder -pudding kann es sich durchaus um Bestandteile der Vanilleschote handeln, sie sind aber praktisch geschmacklos, da die Aromastoffe vorher extrahiert wurden.

Naturidentische Aromastoffe

Dabei handelt es sich um Stoffe, die in der Natur vorkommen, aber im Labor durch chemische Verfahren «nachgebaut» werden. Ein Beispiel ist der bekannte Geschmacksträger Vanillin, der in der Vanilleschote vorkommt, aber zumeist im Labor synthetisiert wird, da die vorhandenen Mengen bei weitem nicht den weltweiten Bedarf decken.

Künstliche Aromastoffe

Künstliche Aromastoffe kommen in der Natur nicht vor, haben aber Geschmackseigenschaften, die eine Anwendung in der Lebensmittelindustrie interessant machen. Bekanntestes Beispiel ist Ethylvanillin, das in billigen Süßwaren und Eis eingesetzt wird. Es ist deutlich geschmacksintensiver als natürliche Vanille und sorgt für den oftmals zu starken und künstlichen Geschmack. Für die Lakritzherstellung wird die Chemikalie Ammoniumchlorid verwendet.

Keiner weiß, was drin ist!

Nun wissen Sie, welche Kategorien von Aromastoffen verwendet werden; doch hinter dem nebulösen Begriff «Aroma» versteckt sich mehr. Nach offiziellen Angaben des deutschen Verbands der Aromaindustrie machen Aromastoffe nur elf Prozent des Gesamtaromas aus. Und der Rest? Da der Gesetzgeber keine weitere Aufschlüsselung verlangt, können Konservierungsmittel, Bindemittel, Geschmacksverstärker, Alkohol als Lösungsmittel, Zucker und weitere Füllmittel verwendet werden – eine Menge Zutaten, von denen Sie nichts erfahren sollen.

Ein kleiner Schritt auf dem Weg zu mehr Transparenz ist die vor zwei Jahren eingeführte verpflichtende Angabe der zwölf wichtigsten Allergene auf dem Etikett. So können Sie nachlesen, dass im Aroma beispielsweise Sellerie, Soja oder Milchbestandteile vorhanden sind. Die Kennzeichnung der Aromen bleibt aber trotzdem mangelhaft.

Überaromatisierte Lebensmittel weit verbreitet

Viele Kinder mögen heute nur noch Kartoffelpüree aus der Pulverpackung und erteilen dem selbst gemachten Quark mit Erdbeeren eine Absage. Woran liegt das? Die Aromen werden von den Herstellern oftmals überdosiert eingesetzt, was zu überaromatisierten Produkten führt. Das bestätigen auch Untersuchungen der *Stiftung Warentest* und ÖKO-TEST: Fruchtjoghurts waren beispielsweise verglichen mit dem deklarierten Fruchtgehalt bis zu 500-fach überaromatisiert. Das hat Folgen für Ihre Geschmacksnerven – und für die von Kindern. Auf Dauer wird das natürliche Geschmacksempfinden getrübt, und man gewöhnt sich an das intensive «Kunstaroma». Kindern, die von klein auf fast ausschließlich mit synthetischem Fruchtgeschmack konfrontiert wurden, erscheinen die echten Früchte fade und geschmacklos, sodass eine Umstellung auf eine gesunde Ernährung mit frischem Obst schwierig ist. Überdies kann der intensive Geschmack dazu verführen, zu viel zu essen und begünstigt damit Übergewicht. Dafür sind auch die sogenannten Geschmacksverstärker verantwortlich.

Geschmacksverstärker Glutamat:
Warum Sie meist die Chipstüte leer essen

Geschmacksverstärker haben keinen eigenen Geschmack, dafür aber die Fähigkeit, den Geschmack von bestimmten Lebensmitteln zu intensivieren. Solche Zusatzstoffe können über eine schlechte Qualität oder fehlende Zutaten hinwegtäuschen, tierische Rohstoffe in einem Fertiglebensmittel ersetzen und dadurch die Produktionskosten enorm reduzieren. Eine Hühnersuppe in der Tüte kann dank Geschmacksverstärker und weiteren Aromen nach Hühnchen schmecken, ohne auch nur ein Gramm Hühnerfleisch zu enthalten. Dasselbe gilt für die Rindfleischsuppe, die nur Rindfleischextrakt enthält, das aus billigen Fleischresten und Knochenresten gewonnen wird, nach EU-Norm immerhin in der erstaunlichen Menge von mindestens 0,67 Gramm pro Liter Suppe.

Der bekannteste und umstrittenste Geschmacksverstärker ist das Mononatriumglutamat (Salz der Glutaminsäure) und ähnliche Verbindungen (E 620–E 625), kurz Glutamat genannt. 20 000 Tonnen werden jährlich in Deutschland verarbeitet, ungefähr fünfmal so viel wie vor dreißig Jahren.[49] Genau genommen ist Glutamat kein Verstärker, sondern eine eigene würzige Geschmacksrichtung, in Fachkreisen «umami» genannt und seit einigen Jahren neben salzig, sauer, süß und bitter als fünfter Geschmackseindruck anerkannt.

Mehr Geschmack macht aber auch mehr Appetit. Das legt zumindest eine aktuelle Studie der Universität Kiel nahe, die mit Ratten durchgeführt wurde. Eine zusätzliche Gabe von Glutamat zum Futter führte zu einer gesteigerten Gefräßigkeit bei den Tieren: Diejenigen, die die höchsten Glutamatdosen zugefüttert bekamen, verdoppelten fast ihre Essensmenge. Sie werden dieses Phänomen kennen: Eine geöffnete Chipstüte wird meist auf einmal bis auf den letzten Rest weggeputzt, und so manches Kilo zu viel ist wahrscheinlich auf Glutamat zurückzuführen. Viel Glutamat fördert die Gewöhnung an den Industriegeschmack, ganz ähnlich wie bei den Aromen.

Darüber hinaus ist die gesundheitliche Unbedenklichkeit noch nicht bewiesen: Obwohl empfindliche Personen nach dem Verzehr von zugesetztem Glutamat mit Taubheitsgefühl im Nacken, Rücken und Armen, zum Teil mit Herzklopfen und Schwindel reagieren, darf Glutamat in vielen verarbeiteten Lebensmitteln eingesetzt werden. Manche Kritiker vermuten sogar, dass der Stoff Nervenkrankheiten wie Alzheimer und Parkinson fördert.

Glutamat ist von Natur aus in bestimmten Lebensmitteln (zum Beispiel Parmesan oder reife Tomaten) enthalten, allerdings in kleineren Mengen und im Verbund mit anderen Geschmackskomponenten und deshalb in der Wirkung mit dem industriell eingesetzten Zusatzstoff nicht vergleichbar.

Glutamat: Oft gut getarnt

Wenn die Zusatzstoffe E 620 bis E 625 in der Zutatenliste aufgeführt sind, ist das Lebensmittel mit Glutamat aufgepeppt. Diese Überprüfung allein reicht aber nicht aus, denn die Hersteller können die Verwendung von Glutamat hinter Begriffen verstecken, die nicht direkt mit dem Geschmacksverstärker in Verbindung gebracht werden.

- In Aromen darf so viel Glutamat zugesetzt werden, dass sich im Fertiglebensmittel maximal zehn Gramm Glutamat pro Kilogramm befinden.
- Würze, Würzmittel, Würzmischungen, Speisewürze: Auch diese Zutaten sind in der Regel reich an Glutamat.
- Hefeextrakt wird in der Regel durch chemische Behandlung (Säure oder Lauge) aus Hefe gewonnen und enthält relativ viel Glutamat.

Zum Teil werben Anbieter mit dem Slogan «Ohne Geschmacks-verstärker» und setzen stattdessen Hefeextrakt ein. Das ist Augenwischerei, denn auch dieser Zusatz wird nur wegen seiner geschmacksverstärkenden Wirkung verwendet.

Weitere Tricks bei Fertiglebensmitteln

Außen hui, innen pfui

Wem läuft bei Anblick der tollen Fotos auf den Verpackungen von Fertigprodukten nicht das Wasser im Munde zusammen? Wenn die tiefgekühlte Pizza aber ausgepackt ist, kommt die Ernüchterung – denn nichts an der blassen Teigmasse macht Appetit. Die Hersteller mogeln sich durch den Aufdruck «Ser-viervorschlag» oder «Garnierungshinweis», den man meist mit der Lupe suchen muss, aus der Verantwortung.

Nährwertkennzeichnung

Frühstückscerealien sind zum Teil wahre «Zuckerbomben». Bis zu 50 Prozent Zucker sind in den Produkten vorhanden, und bislang gibt es noch keine gesetzliche Verpflichtung für die Anbieter, zum Beispiel den Zuckergehalt auf der Packung an-zugeben. Nur wer auf einen hohen beziehungsweise niedri-gen Gehalt eines Nährstoffes in der Werbung hinweist, muss die Packung mit einer Nährwerttabelle kennzeichnen. Darüber hinaus dürfen die Hersteller in dieser Tabelle den Zucker lega-ler hinter dem Begriff «Kohlenhydrate» verstecken. Wenn Sie etwa auf einer Packung Fruchtgummi «75 Gramm Kohlen-hydrate pro 100 Gramm» lesen, können Sie davon ausgehen, dass diese fast ausschließlich aus verschiedenen Zuckerar-ten (zum Beispiel Glukose-Fruktose-Sirup) stammen. In die-sem Beispiel sind das konkret circa 25 Zuckerwürfel pro 100 Gramm.

Mittlerweile ist auch den verantwortlichen Politikern klar, dass eine informative Kennzeichnung zu Nährstoffen in Lebensmitteln so nicht aussehen kann. Deshalb sind in den nächsten Jahren schärfere Vorgaben zur Kennzeichnung zu erwarten. Das ruft wiederum die Lebensmittelindustrie auf den Plan, die mit einer freiwilligen Kennzeichnung neue Gesetze verhindern will. Wie bereits im Kapitel *Alkoholfreie Getränke: Top oder Flop?*, S. 120, beschrieben, wollen sie ihre Produkte auf der Vorderseite mit Kalorienangaben und dem prozentualen Anteil an der empfohlenen Tagesration kennzeichnen. Neben dem viel zu hohen Richtwert der empfohlenen Tageszufuhr an Zucker arbeitet die Industrie mit sehr kleinen und unrealistischen Portionen; 30 Gramm Cornflakes sollen demnach für ein Frühstück ausreichen. Ebenso verwirrend sind die ungleichen Portionen und Bezugsgrößen; auf den ersten Blick scheint es, als enthielten zwei Cerealien-Produkte ungefähr gleich viel zugesetzten Zucker (elf Gramm Zucker bei einer 30-Gramm-Portion gegenüber zehn Gramm bei einer 40-Gramm-Portion beim zweiten Produkt), weil unterschiedliche Portionsgrößen

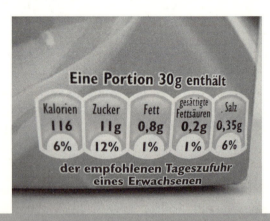

Wer wird von einer 30-Gramm-Portion Cornflakes satt? Mit dieser Minimenge wird der Zuckergehalt heruntergerechnet.

gewählt wurden. Die Falle: Der Zuckeranteil beim zweiten Produkt ist tatsächlich knapp 50 Prozent höher. Um den Verbraucher endgültig in die Irre zu führen, wird der herausgestellte Ballaststoffgehalt auf 60 Gramm bezogen, also eine weitere Bezugsgröße aufgeführt.

All diese Berechnungen beziehen sich im Übrigen auf weibliche Erwachsene mit einem Kalorienverbrauch von 2000 Kalorien pro Tag. Kinder benötigen jedoch sehr viel weniger Kalorien und sollten deshalb geringere Mengen gesüßte Lebensmittel zu sich nehmen.

Was bedeutet «Ohne Konservierungsstoffe laut Gesetz»?

Dieser Hinweis soll den Eindruck erwecken, dass es sich um ein besonders natürliches Lebensmittel handelt, das ohne Konservierungsstoffe hergestellt wurde. Das ist nur die halbe Wahrheit, da bei diesen Lebensmitteln prinzipiell keine Konservierungsstoffe eingesetzt werden dürfen – eine raffinierte Werbung mit Selbstverständlichkeiten, die sogar behördlich legitimiert ist.

Fertiglebensmittel entpuppen sich oft unerkannt als Fett- oder Salzfallen

Fett ist ein preiswerter Geschmacksträger, und deshalb ist der Fettgehalt von Fertiggerichten oft überdurchschnittlich hoch. Eine Pizza kann beispielsweise über 40 Prozent Fett enthalten; pro Pizza kommen so bis zu 1000 Kalorien zusammen. Vor allem weibliche Teenies erreichen mit einer solchen Riesenportion schon die Hälfte ihres Tagesbedarfs. Leider fehlt auf den Etiketten noch immer eine verpflichtende Nährwertangabe, sodass Ihnen weiterhin wichtige Informationen zu den Lebensmitteln vorenthalten werden.

Mit Salz wird in Fertiggerichten in der Regel nicht gegeizt, daher ist die Kochsalzaufnahme vieler Menschen doppelt so hoch (durchschnittlich zehn Gramm) wie die Empfehlung von sechs Gramm pro Tag. Diesen Richtwert kann man schon allein mit dem Verzehr einer Fertigpizza deutlich überschreiten.[50] Das kann bei Menschen, die eine erhöhte Kochsalzempfindlichkeit haben, blutdrucksteigernd wirken. In der Zutatenliste verbirgt sich Kochsalz oder Salz oftmals hinter der Sammelbezeichnung «Würzmischung». Salz verursacht bisweilen auch einen Gewöhnungseffekt, sodass nach regelmäßigem Verzehr von Fertiggerichten normal gesalzene und gewürzte Speisen nicht mehr schmecken. Überhöhter Salzkonsum kann auch zum «Neutralisationsbedürfnis», also zum Heißhunger auf Süßigkeiten führen.

11

Babynahrung: Richtig essen, Werbung vergessen?

Sie stehen jetzt vor dem Regal mit der Kost für die Jüngsten und blicken auf viele niedliche, kleine Wonneproppen, die von Verpackungen für Babymilch, Babytees oder Babykeksen lächeln. Regale mit Säuglingsnahrung haben für die Supermärkte eine enorme strategische Bedeutung. «Die Rechnung, die dahinter steht, ist einfach: Wer die jungen Mütter gewinnt, gewinnt die ganze Familie und damit auch die Kunden der Zukunft.»[51] Trotz sinkender Geburtenraten freuen sich viele Anbieter über Umsatzsteigerungen; sie versuchen, junge Eltern möglichst früh zum Zufüttern zu bewegen («Wenn die Muttermilch nicht mehr reicht») und verlängern die Zeit, in der unsere Jüngsten spezielle Fertiggerichte essen sollten, bis ins Kleinkindalter. Von dieser Sortimentsausweitung weit über das erste Lebensjahr hinaus erwarten die Anbieter auch zukünftig steigende Absatzzahlen und neue Impulse für Babykost. «Junge Mütter benutzen inzwischen immer länger Babynahrung», jubeln die Hersteller. Die Werbebotschaften der Anbieter: Nur wer diese Produkte kauft, geht hinsichtlich der Ernährung auf Nummer sicher und hat ein zufriedenes, sattes Kind im Arm, das nachts durchschläft. Sie wollen doch Ihr Kind nicht unglücklich machen, indem Sie die Produkte im Regal stehen lassen und selbst eine Banane zu Mus verarbeiten oder eine Kanne ungesüßten Fencheltee kochen?

Fertignahrung von Anfang an?

Muttermilch ist nicht nur die natürlichste, sondern auch mit Abstand die gesündeste Form der Säuglingsernährung. Stillen ist auf jeden Fall der beste Start für Mutter und Kind; da in der Muttermilch alle Nährstoffe in ausreichender Menge enthalten sind, wird von Gesundheitsorganisationen, zum Beispiel der *World Health Organization* (*WHO*) und Ernährungswissenschaftlern empfohlen, in den ersten sechs Lebensmonaten ausschließlich zu stillen. Werbesprüche wie «Geeignet von Geburt an, gut zum Zufüttern» sollen Sie dazu verleiten, zu früh industrielle Säuglingsnahrung ins Fläschchen zu füllen, dabei sind Ängste, das Kind könnte allein von der Muttermilch nicht satt werden, fast immer unbegründet. Wenn das Baby jedoch wenig an der Brust trinkt und zusätzlich Fertigmilchnahrung bekommt, geht die Muttermilchmenge nach und nach zurück.

Verwirrung im Ersatzmilchdschungel

Auf Sonderangebotsständern und auf Regalplätzen in Griffhöhe finden Sie oft Folgemilchprodukte mit der Kennzeichnung «2» oder «3» – diese sind zu zuckerreich und gewöhnen Babys zu früh an einen übersüßten Geschmack. Ernährungswissenschaftler halten Folgemilchprodukte generell für überflüssig, und auf keinen Fall sollten diese Ersatzmilchnahrungen in den ersten vier Lebensmonaten gegeben werden. Sollte es ohne Muttermilchersatz nicht gehen, sind Milchnahrungen geeignet, die gut an die Muttermilch angepasst wurden. Dazu gehören Nahrungen mit der Bezeichnung «Pre» oder «1». Die HA-Nahrungen (hypoallergene Nahrung) sollten auch nur Kinder bekommen, die ein erhöhtes Allergierisiko aufweisen, worauf auch das *Forschungsinstitut für Kinderernährung* hinwies. Die intensive Werbung für diese Produkte lässt viele Eltern vorbeugend danach greifen, auch wenn gar kein Allergierisiko besteht.

Die «Ohne-Kristallzucker»-Lüge

Zuckerhaltige Kindertees sind vor Jahren in Verruf geraten, weil der Zucker beim Dauernuckeln ständig die Zähne umspült und zu stark kariösen Zähnen führt. Das wirkt sich nicht nur negativ auf die Milchzähne, sondern auch auf die bleibenden Zähne aus, und Fehlstellungen oder vereiterte Kiefer können die Folge sein. Nun prangt auf einigen Kindertee-Etiketten der werbewirksame Hinweis «Ohne Kristallzucker» und gaukelt damit Zuckerfreiheit vor. Doch dieser Hinweis bezieht sich nur auf Haushaltszucker (Saccharose); andere Zuckerarten, zum Beispiel Maltodextrin, können weiter im Kindertee enthalten sein und ihre kariöse Wirkung entfalten. Eine weitere Gefahr für die Zähne geht von der Zitronensäure (E 330) aus, die ebenfalls in Fertigtees verarbeitet sein kann. Werden die Zähne ständig damit umspült, zum Beispiel beim Dauernuckeln an Saugerflaschen, wird der Zahnschmelz angegriffen.

Fertigkostfans fürs Leben?

Im Regal finden Sie immer häufiger komplette Mahlzeiten für Ein- bis Dreijährige. Auch diese Produkte sind überflüssig, da die Kleinen eigentlich lernen sollen, am Familientisch mitzuessen und gemeinsame Mahlzeiten mit den Geschwistern oder Eltern einzunehmen. Allein zu essen macht auch Kleinkindern keinen Spaß, zudem sind diese Gerichte vergleichsweise teuer und mit vielen überflüssigen Zutaten (zum Beispiel Salz, Aromen oder Bindemittel) versetzt. Was natürlich schmeckt, also Möhren, Kartoffeln oder Blumenkohl, mundet den «Fertiggericht-Kindern» möglicherweise bald nicht mehr.

Vorgegaukelte Gesundheit durch «vitaminbereicherte» Kost

Viele Breie, Riegel oder Getreideflocken für Kinder sind mit Vitaminen und Mineralstoffen angereichert – Fachleute bezeichnen das als «Vitaminkosmetik». Diese Anreicherungen sind meistens überflüssig und werden ohne Rücksicht auf eventuelle negative Folgen durch Überdosierungen zugesetzt. Sie kommen in so vielen Produkten vor, dass verantwortungsvolle Gesundheitspolitiker schon davor warnen: Kleinkinder, die häufig vitaminangereicherte Produkte essen, können zu viele Vitamine aufnehmen. In Dänemark wurden beispielsweise vitaminierte Frühstücksflocken verboten, weil die Lebensmittelbehörde bei einer Risikoabwägung zu dem Schluss kam, dass davon Gesundheitsgefahren, vor allem für Schwangere und Kinder, ausgehen.[52] Beispielsweise kann zu viel Vitamin A Lebererkrankungen oder Knochenbrüchigkeit verursachen, bei Kleinkindern können Kopfschmerzen, starke Müdigkeit oder Übelkeit auftreten. Von Betacarotin zur Anreicherung in Lebensmitteln raten Wissenschaftler gänzlich ab. Vitamine oder Mineralstoffe werden nur empfohlen, wenn ein nachweisbarer Mangel besteht, zu unklar sind noch die Risiken und Nebenwirkungen.[53]

12

Süßwaren: Verführung auf ganzer Linie

Vor dem Süßwarenregal sollten Sie noch einmal besonders aufmerksam sein: Lassen Sie sich nicht einlullen, halten Sie durch und schieben Sie den Einkaufswagen konsequent weiter.

Wir Deutschen sind inzwischen Europameister im Übergewicht. Jedes fünfte Kind und jeder dritte Jugendliche sind zu dick; Experten sprechen bereits von einer Epidemie. Die Zahlen sind alarmierend und die gesundheitlichen Folgen dramatisch: Es drohen Diabetes, Gelenkschäden oder Bluthochdruck. Aus diesem Grund hat die Bundesregierung die Kampagne «Fit statt fett» gestartet, mit deren Hilfe das Übergewicht bis 2020 nachdrücklich bekämpft werden soll. Allerdings wird die Süßwarenindustrie nicht in die Pflicht genommen, denn sie nutzt ihren Einfluss auf die Politik. «Der Staat soll den Menschen nicht die Freude am Genuss verderben», meinte jüngst der Geschäftsführer der Deutschen Süßwarenindustrie.[54] Andere EU-Staaten sind da schon viel weiter: Großbritannien beispielsweise verbietet Fernsehwerbung für Süßwaren im Kinderprogramm, weil Studien ergeben haben, dass die Werbung einen sehr starken Einfluss auf das Essverhalten der Kinder hat. Lief Werbung zwischen den Kinderfilmen, griffen die Jüngsten häufiger zu Süßigkeiten. Auf Lebensmittelverpackungen weist eine Ampel – rot bei zu viel Fett und Zucker – auf ungesunde Produkte hin, gesunde werden mit grün gekennzeichnet.

In Deutschland sind Sie den Werbestrategien weiterhin schutzlos ausgesetzt.

«Schadensbegrenzung»: Gesunde Vitamine naschen?

Kaufen Sie Fruchtgummis oder Bonbons mit Vitaminen, um Ihr Gewissen zu beruhigen? Glauben Sie, dass Vitamine immer gesund sind und die schädlichen Auswirkungen des hohen Zuckerkonsums wieder ausgleichen? Auch dies ist leider ein weitverbreiteter, aber fataler Irrglaube. Künstliche Vitamine in Fruchtgummis und Fruchtbonbons können Obst und Gemüse keineswegs ersetzen. Bei Vitaminen besteht zudem die Gefahr der Überdosierung, die der Gesundheit schaden kann (mehr Informationen dazu finden Sie im Kapitel *Pillen, Pulver und Co.: Nahrungsergänzungsmittel mit Überdosierungen*, S. 160).

Ohne Fett – aber mit vielen Kalorien

Die Annahme, das Naschen von fettarmem Fruchtgummi sei die bessere Wahl, ist leider falsch. Der Hinweis «Ohne Fett» verleitet zum vermeintlich kalorienarmen Genuss, doch der Nachgeschmack ist bitter: 100 Gramm Fruchtgummi enthalten oft bis zu 80 Gramm Zucker (und weit über 300 Kalorien). Bei einer Standardpackung von 200 Gramm hat man schnell mehr

Ohne Fett, aber mit viel Zucker!

als 600 Kalorien konsumiert. Zum Vergleich: Eine 100-Gramm-Tafel Schokolade hat trotz Fett «nur» rund 530 Kalorien.

Eine Extraportion Milch gefällig?

Viele Eltern erwarten eine «Extraportion Milch», wenn sie das entsprechende Produkt für ihre Kinder kaufen – doch statt gesunder, milchhaltiger Süßigkeiten nehmen die Kinder in Wirklichkeit eher eine Zucker-Fett-Schnitte zu sich, die gerade mal einen Esslöffel Milch und höchstens ein Gramm Honig enthält, auch wenn auf der Verpackung ein gutgefüllter Milchkrug und ein Honigtopf zu sehen sind. Die meisten dieser sogenannten Milch-Snacks bestehen tatsächlich mindestens zur Hälfte aus reinem Fett und Zucker.

Aromastoffe in Süßigkeiten – Vorsicht Suchtgefahr

Fällt es Ihnen auch manchmal schwer, nur wenige Stückchen Schokolade oder nur eine Handvoll Gummibärchen zu essen?

Was manchem als eine persönliche Schwäche erscheint, liegt in Wahrheit an der künstlichen Aromatisierung. Aromastoffe finden sich fast in allen Süßigkeiten: ohne Erdbeeraroma keine Fruchtgummis und ohne Vanillin keine Schokolade. Diese künstlichen Zusätze regen zu übermäßigem Essen an, ein Phänomen, das es bei natürlichen Nahrungsmitteln wie Äpfeln oder Kartoffeln nicht gibt. Kinder, die mit aromastoffreichem Essen aufwachsen, wissen oft gar nicht mehr, wie richtige Erdbeeren schmecken und bevorzugen den Geschmack von Erdbeerfruchtgummis.

Wenn «Aroma» auf der Zutatenliste zu finden ist, sollten Personen mit Gewichtsproblemen besser nicht zugreifen.

Saisonale Verführung: Fast nur Verpackungsmüll

Zu Weihnachten, Halloween, Ostern, zum Valentins- oder Muttertag wird das Schenken leicht gemacht. Wer möchte dem Liebsten schon die Osterhasen, Weihnachtsmänner und Herzen vorenthalten, zumal sie intensiv beworben werden? Allein Ostern 2007 gaben die Schokokonzerne mehr als zehn Millionen Euro für Fernsehwerbung aus.[55] Leider sind diese Waren im Vergleich zur «Standardware» unverhältnismäßig teuer, da sie viel überflüssigen Schnickschnack, Schleifen und glitzernde Folien aufweisen.

E-Nummern – und nicht zu knapp

In den meisten Süßwaren tummeln sich die E-Nummern: Farbstoffe, Süßstoffe, Antioxidationsmittel, Emulgatoren, Verdickungs- und Bindemittel und Stabilisatoren. Nicht jeder verträgt diese Stoffe, und insbesondere Allergiker und Kinder sollten bei bestimmten E-Nummern vorsichtig sein. Besonders problematisch sind Farbstoffe, die einen Fruchtgehalt vortäuschen und insbesondere Kinder, die Buntes lieben, zum Kauf anregen sollen. Glücklicherweise gibt es mittlerweile mehr und mehr Fruchtgummisorten, die mit natürlichen Pflanzenauszügen gefärbt wurden und keine künstlichen Farbstoffe enthalten. Geschmacklich ist dabei kein Unterschied festzustellen.

Diese Farbstoffe sind für Kinder und Allergiker bedenklich:

E 102 Tartrazin, E 104 Chinolingelb, E 110 Sunsetgelb, E 120 Cochenille, E 122 Azorubin, E 123 Amaranth, E 124 a Ponceau, E 127 Erythrosin, E 128 Rot 2 GRAMM, E 129 Allurarot AC, E 142 Grün S, E 151 Brillantschwarz, E 154 Braun FK, E 155 Braun HT, E 180 Litholrubin BK.

Alles hausgemacht?

«Eigene Herstellung» oder «Hausgemacht» sind gernbenutzte Zusatzbezeichnungen bei Pralinen oder Bonbons. Wer vermutet, dass diese Süßwaren vom Konditor stammen, irrt häufig. Auch standardisierte Süßwaren dürfen ganz legal die Auszeichnung «Aus eigener Herstellung» tragen; bereits die Verzierung einer Industriepraline mit einem Zuckerstreusel oder die Garnierung einer Tiefkühltorte mit Sahnetupfern ist ein Akt des Bearbeitens und damit der eigenen Herstellung.[56]

Bittersüße Schokolade: Bitte «fair» naschen!

Wenn Sie fair naschen wollen, kaufen Sie Kakao und Schokolade mit dem *TransFair*-Siegel. Durch die niedrigen Kakaopreise auf dem Weltmarkt stehen viele Kakaoanbauer, zum Beispiel in Afrika, unter wirtschaftlichem Druck. Hersteller von Produkten, die das *TransFair*-Siegel tragen, garantieren den Arbeitern einen Mindestlohn, verbessern die soziale Situation in den Anbauländern und dämmen dort auch die Kinderarbeit ein (siehe auch **Der Weg in die Familienidylle**, S. 95).

Viel Luft und wenig Tee in der Verpackung

Hohlräume – nein danke!

Knabbereien, Chips, Kekse oder Schokobonbons werden häufig in undurchsichtigen, gepolsterten Tüten angeboten, in denen die tatsächliche Warenmenge kaum zu erkennen oder ertasten ist. Wenn die Luft in der Verpackung 30 Prozent oder mehr beträgt, wird eine größere Füllmenge vorgetäuscht. Hochgezogene Böden oder doppelte Wandungen gehören ebenfalls zu den beliebten Tricks.[57] Vergleichen Sie die Einwaage, die auf der Packung angegeben ist, mit den Gewichtsangaben der Konkurrenzprodukte oder ignorieren Sie diese undurchsichtigen Produkte.

13

Kosmetik: Wenig Substanz hinter dem schönen Schein

Unsere nächste Station: das Kosmetikregal, für viele Kunden eine Wohlfühlzone. Aber Vorsicht: Werbung für Kosmetika bewegt sich häufig haarscharf am Rande des gesetzlich Möglichen. Die versprochenen Wirkungen – zum Beispiel «Faltenauffüllung von innen» oder «Spannkraft fürs Haar» – haben mitunter wenig mit der tatsächlichen Wirkung der Cremes oder Shampoos zu tun. Doch die Marketingabteilungen der Kosmetikkonzerne wissen, dass sie zumindest einen Teil der Käufer durch diese Versprechungen «in den Griff bekommen». Sie müssen zwar bei den staatlichen Kontrollbehörden einen «Wirksamkeitsnachweis» vorlegen, doch da die Konzerne diese Gutachten selbst in Auftrag geben, fallen sie wunschgemäß aus. Die staatlichen Überwachungsbehörden sind häufig machtlos, da sie keine finanziellen Mittel zur Verfügung haben, um Gegengutachten zum Beweis der Wirkungslosigkeit eines Produkts zu erstellen.

Das Fachchinesisch der Inhaltsstoffe: So überprüfen Sie die Werbung

In Kosmetika können rund 8000 verschiedene Stoffe enthalten sein, und der Gesetzgeber verlangt, dass Hersteller die verwendeten Inhaltsstoffe auf der Verpackung angeben. Für Allergiker stellt diese Art der Kennzeichnung einen großen Fortschritt dar,

denn sie können «ihr» Allergen nun schnell finden.[58] Die Fach-
begriffe sind jedoch für viele Verbraucher ein Hindernis, da
auf der sogenannten INCI-Liste (INCI: *International Nomencla-
ture Cosmetic Ingredients*) die chemischen Bezeichnungen in
englischer Sprache angegeben werden. Nur wenige Hersteller
benutzen die deutschen Begriffe, wobei insbesondere Natur-
kosmetikhersteller Vorreiter sind. Häufig unterscheidet sich der
deutsche Begriff jedoch nicht von der internationalen Kennzeichnung, was die Kunden zusätzlich verwirrt.

Wenn Sie Informationen über die tatsächliche Qualität oder
Zusammensetzung einer Creme oder eines Shampoos suchen,
sollten Sie auf die Inhaltsstoffe achten und entsprechende Testergebnisse lesen.

Fakt ist: Inhaltsstoffe, die am aufdringlichsten beworben werden, sind häufig in sehr geringer Menge enthalten – so können
Sie feststellen, dass nicht viel Avocado in der «Avocadocreme»

*Wo versteckt sich die Melone? Nur Illusion: Es gibt sie als Bild auf dem Etikett,
nicht im Shampoo. Künstliche Farbstoffe und Duftstoffe ersetzen den Wunsch nach
Natürlichkeit.*

und wenig Frucht im «Fruchtshampoo» zu finden sind. Falls Sie Hilfe beim Entschlüsseln der chemischen Begriffe benötigen, die Verbraucherzentralen helfen Ihnen.

Beispiel «Fruity Melon»

Name der Inhaltsstoffe auf der Verpackung	Chemische Begriffe, für Sie entschlüsselt
Aqua	Wasser als Lösemittel
Sodium Laureth Sulfate	waschaktive Substanz
Cocamidopropyl Betaine	waschaktive Substanz
Sodium Chloride	Kochsalz als Verdickungsmittel, verändert die Viskosität (Zähflüssigkeit)
Glycol Distearate	Emulgator, fördert die Bildung fein verteilter Mischungen, macht das Shampoo undurchsichtig
Coco Glucoside	waschaktive Substanz und Schaumbildner
Glyceryl Oleate	Emulgator, fördert die Bildung fein verteilter Mischungen
Parfüm	Duftstoff
Sodium Benzoate	Konservierungsstoff Benzoesäure
Laureth-4	Emulgator und Tensid
Citric Acid	Zitronensäure wirkt puffernd (stabilisiert den pH-Wert), bildet Verbindungen mit Metallionen und beeinflusst damit die Stabilität
Butyloctanol	feuchthaltend, bewahrt die Feuchtigkeit des Mittels
Dilinoleic Acid	geschmeidig machend und glättend
Lauryl Methyl Gluceth-10 Hydroxypropyldimonium Chloride	macht Haar leichter kämmbar und verringert statische Aufladungen
Potassium Sorbate	Konservierungsstoff Sorbinsäure
Disodium EDTA	Stabilisator und Komplexbildner
Formic Acid	Konservierungsstoff
CI 15985	gelber Farbstoff, E 110 bei Lebensmitteln
CI 47005	gelber Farbstoff, E 104 bei Lebensmitteln

Kaufen Sie Zusatznutzen?

Die Kosmetikindustrie schafft es immer wieder, die unbewussten Hintergründe unserer Kaufentscheidung zu beeinflussen. So verkaufen Ihnen die Hersteller mit einem Duschbad nicht nur Sauberkeit, sondern auch Befreiung von der Last des Tages, mit Parfüm nicht nur Duft, sondern auch Erfolg bei Männern beziehungsweise Frauen. Die Werbung eines Deos suggeriert, dass es Sie zur vielseitigen, kompetenten und starken Frau macht, die sich in jeder schwierigen Situation behauptet. Aber ist das nicht etwas viel verlangt – von einem Deo? Unbewiesene Zusatzversprechen, losgelöst von der hübschen Anzeige und dem gestylten Model, wirken geradezu absurd.

Doch gerade der Zusatznutzen, der beim Kauf eines Produktes versprochen wird, bestimmt das Image und häufig auch den Preis eines Produktes. Je weniger sich die Produkte in ihrer Qualität unterscheiden, umso mehr geht die Werbung dazu über, die nicht durch das Produkt begründeten Eigenschaften herauszustellen. Wachstum kann bei gesättigten Märkten meistens nur noch mit «Neuigkeiten» oder verändertem Image erreicht werden. Jahrelang cremte man sich mit einem Sonnenschutzmittel aus der Plastikflasche ein, heute bevorzugt man ein Sonnenspray oder einen Facestick – das gleiche Produkt in etwas anderer Darreichungsform.

Naturkosmetik: Wirklich reine Natur?

Natur verkauft sich gut, insbesondere bei Kosmetika, und viele Konsumenten berichten von einer besseren Hautverträglichkeit. Eine Olive auf der Verpackung und Bilder von Beeren und Blättern allein machen jedoch noch keine Naturkosmetik aus. Für Interessierte ist es schwierig zu erkennen, ob es sich bei einer Creme oder einem Shampoo wirklich um ein Naturprodukt handelt. Im Gegensatz zu den Bio-Lebensmitteln gibt es bei

Kosmetika kein staatliches Siegel und keine rechtsverbindliche Definition, obwohl klare gesetzliche Vorgaben hier notwendig wären. Eine gute Orientierungshilfe bietet das Siegel *Kontrollierte Natur-Kosmetik* des *BDIH (Bundesverband Deutscher Industrie- und Handelsunternehmen für Arzneimittel, Reformwaren und Körperpflegemittel)* oder das *Drei-Häuser-Logo* von Neuform. In diesen Tiegeln und Tuben dürfen nur Naturstoffe stecken, also Stoffe tierischen, pflanzlichen oder mineralischen Ursprungs, aber es gibt Ausnahmen, zum Beispiel für Konservierungsstoffe. Auf den Einsatz von synthetischen Farbstoffen, Duftstoffen, Silikonen, Paraffinen und anderen Erdölprodukten wird jedoch ganz verzichtet.

Luftpackungen: Der Hohlraum wird versiegelt

Wenn Sie sich von der Verpackungsgröße leiten lassen, belasten Sie unter Umständen Ihre Haushaltskasse ganz erheblich, denn die Größe der Verpackung ist kein Indiz für die Inhaltsmenge. Das Eichgesetz erlaubt große Hohlräume, und es lohnt sich, auf die Mengenangaben zu achten, da zwischen Füllmenge und Verpackungsvolumen häufig ein großer Unterschied besteht.

Leider lässt der Gesetzgeber extrem hochgezogene Böden, doppelte Wände mit Hohlraum oder pompöse Geschenkpackungen mit viel Folie, Pappe und Plastikschleifen zu. Auch

Eichgesetz § 7 Abs. 2: Fertigpackungen müssen so gestaltet sein, dass sie keine größere Füllmenge vortäuschen als in ihnen enthalten ist. Das Verhältnis von Verpackung zum Inhalt darf bei Kosmetika mit 10 bis 25 Milliliter Inhalt 3:1, 25 bis 50 Milliliter Inhalt 2,5:1, mehr als 50 Milliliter Inhalt 2:1 betragen.

«Großtuben» oder «Familienflaschen» sind nicht zwangsläufig billiger als kleine Mengen (wie wir unter **Großpackungstrick: Größere Packung, höherer Preis**, S. 51, erläutert haben).

Anti-Aging: Auf die Schnelle faltenfrei?

Kosmetikanbieter werben massiv mit der Glättung von Falten – sie verraten jedoch nicht, dass die versprochenen Effekte mit bloßem Auge kaum sichtbar sind und nach wenigen Stunden bereits vergehen können. Eine faltenfreie Zukunft gibt es durch die Anwendung dieser Produkte nicht, denn die Erfolge liegen – wenn überhaupt – im mikroskopischen Bereich. Ob eine Falte nun um 0,01 oder 0,03 Millimeter gemindert wird, spielt für die Wahrnehmung jedoch kaum eine Rolle.[59]

Falten bekommt übrigens jeder, es ist nur eine Frage des Zeitpunkts. Die wichtigsten Faltenverursacher sind zu viel Sonne, Nikotin und negativer Stress. Diese Einflüsse auf die Haut möglichst zu verringern, ist sehr viel wirkungsvoller als jede Anti-Aging-Creme.

Cellulitemittel: Nur ein Traum

Gegen Orangenhaut und Dellen an weiblichen «Problemzonen» wird eine Vielzahl von Cremes und Lotionen angeboten. «Nachweislich glattere Haut in 28 Tagen», «Entschlackt und remodelliert die Haut von innen heraus» und ähnliche Aussagen versprechen Ihnen ein cellulitefreies Leben. Der Handel verdient kräftig an dieser Illusion: «*GoodBye Cellulite*: Glättet Umsatzdellen, festigt Erträge» verspricht ein Anbieter den Supermarktinhabern.[60]

Untersuchungen der *Stiftung Warentest* ergeben jedoch regelmäßig: Cremes oder Massagegeräte bewirken nichts, denn das Bindegewebe kann nicht von außen beeinflusst werden, und im besten Fall verbessert sich lediglich das Hautbild. Die weibliche

Haut ist dünner als die von Männern, dafür ist die Fettschicht dicker, speziell an Hüften, Oberschenkeln und Po. Auch die einzelnen Fettzellkammern sind größer, daher können sich Dellen bilden. Da die Straffheit der Haut, also ihre Elastizität, nun einmal im Laufe der Jahre nachlässt, hilft gegen Orangenhaut nur Sport und fettarme Kost. Das Geld für die teuren Cremes können Sie sich sparen.[61]

Keine Freude mit Ladenhütern: Alterungsbedingte Qualitätsmängel

Wenn Lippenstifte ranzig riechen, sich in flüssigem Make-up Wasser und Öl getrennt haben, sich die Feuchtigkeitscreme verfärbt hat oder schleimig oder dünnflüssig wird, haben diese Produkte ein langes Dasein auf hinteren Regalplätzen gefristet und sind verdorben. Bakterien, Hefen oder Schimmelpilze können sich insbesondere in wasserhaltigen Kosmetika schnell vermehren, und ranzige Lippenstifte können die empfindliche Lippenschleimhaut reizen. Alterungsbedingte Qualitätsmängel sollten Sie auf jeden Fall reklamieren (beim Hersteller oder im Laden), denn die Haut kann sehr empfindlich auf verdorbene Kosmetika reagieren.

Grundsätzlich sind Kosmetika ab dem Tag der Herstellung mindestens zweieinhalb Jahre haltbar, und bei kürzeren Haltbarkeitszeiten tragen sie ein Mindesthaltbarkeitsdatum. Wird das Produkt von Ihnen geöffnet, finden Sie im Cremetiegel eine Zeitangabe, zum Beispiel «6 M», die besagt, dass die Creme oder das Sonnenschutzmittel nach dem Öffnen noch sechs Monate haltbar sind. Die Angaben gelten für normale Lagerbedingungen, das heißt Raumtemperatur und keine direkte Sonneneinwirkung. Insbesondere Naturkosmetik sollte zügig aufgebraucht werden.

Übrigens sind Cremes in Tuben mit kleinen Öffnungen Keimen nicht so sehr ausgesetzt wie in Tiegeln.[62]

Luft oder Koffein für die Haut: Ernährung von außen?

Immer wieder kreiert die Kosmetikindustrie neue Stoffe, die eine Zeit lang «modern» sind wie einst Kollagene oder Liposome und deren beinahe Wirkungslosigkeit dann von der Wissenschaft enttarnt wird.

Da die Haut von innen nach außen wächst und von den Blutgefäßen ernährt wird, erreichen fast alle von außen zugeführten Stoffe die tieferen Hautschichten nicht. Sauerstoff in Kosmetika, damit «die Haut tief durchatmen» kann oder «Koffein-Seife», damit der Morgenkaffee unter der Dusche ersetzt wird, sind deshalb fragwürdige Produkte. Gesunde Ernährung und regelmäßiger Sport helfen viel mehr. Oder atmen Sie einfach am offenen Fenster tief durch – das ist viel billiger![63]

Dermatologisch getestet: Nichtssagendes Label

Nicht zu übersehen sind auch im Kosmetikregal die Siegel, mit denen so manche Verpackung aufgewertet wird. Am häufigsten findet man den Hinweis «Dermatologisch getestet», und so mancher Verbraucher glaubt, diese Produkte seien weniger allergieauslösend als andere. Leider ist dieser Hinweis völlig nichtssagend, da alle Kosmetika vor der Zulassung auf ihre Hautverträglichkeit hin getestet werden müssen. Das Siegel sagt nichts über das Untersuchungsverfahren, die Unabhängigkeit der Prüfer oder die wissenschaftlichen Protokollierungen der Untersuchung aus, und auch die Ergebnisse bleiben im Dunkeln.

Auch andere Attribute wie «Zartpflege-Formel», «Repair-Komplex» oder «Hydroformel» klingen zwar hübsch, haben aber wenig Bedeutung.

Zu viel versprochen: Qualitätsmängel unter der Lupe

Wenn die amtliche Lebensmittelüberwachung, die auch für Kosmetika zuständig ist, Produkte beanstandet, geht es oft um irreführende Werbung oder um Kennzeichnungsmängel.

Einige Beispiele:
- Kosmetische Mittel mit einem Zusatz von Vitamin A und E (Lotionen, Cremes) waren wegen zu geringer Vitamingehalte auffällig. Die Vitamingehalte waren teilweise nicht mehr nachweisbar, eine kosmetische Wirkung nicht zu erwarten.[64]
- Konservierungsstoffe und die 26 allergenen Duftstoffe, die auf den Verpackungen deklariert werden müssen, fehlten bei 13 Prozent aller Proben.[65]
- Handwaschpasten und Wimperntuschen waren mit Nitrosamen (ein krebsverdächtiger Stoff) verunreinigt, die in Kosmetika nicht enthalten sein dürfen.[66]

Pillen, Pulver und Co.: Nahrungsergänzungsmittel mit Überdosierungen

In der Nähe der Kosmetika finden Sie in der Regel die Nahrungsergänzungsmittel. Sie wollen Ihrem Körper endlich einmal etwas Gutes tun? Ihren Speicher auffüllen, weil der Alltagsstress an den Nerven zerrt? Ihr angeschlagenes Immunsystem stabilisieren und so eine aufkommende Erkältung im Keim ersticken? Schließlich können neben dem Rauchen schlechte Ernährungsgewohnheiten mit 20 bis 40 Prozent zur Krebsentstehung beitragen,[67] da wirkt die «konzentrierte Gesundheit» in Kapselform vielleicht vorbeugend?

Gegen jedes Zipperlein gibt es Kapseln, Tabletten, Pastillen, Pillen, Tropfen, Pulver oder Brausetabletten, die schnell und günstig gesund machen sollen. Der Markt boomt, auch ganz ohne Arzt oder Apotheker. Brauchen Sie diese Pillen wirklich, um gesund zu bleiben?

Ernährungssünden ausgleichen – Brausetabletten statt Gemüse?

Es wäre so einfach, wenn man eine Pille schlucken könnte, statt auf eine gesunde Ernährung zu achten. Vielleicht eine Rundumversorgung in Form einer Multivitamintablette? Doch davor warnt sogar der Gesetzgeber: Nahrungsergänzungsmittel sind kein Ersatz für eine gesunde Ernährung.

Eine Tomate-Tablette ist beispielsweise nicht mit einer Tomate vergleichbar, weil die echte Tomate viel mehr wertvolle Inhaltsstoffe wie Vitamine, Mineralstoffe oder sekundäre Pflanzenstoffe enthält. Bei der Verarbeitung zur Kapsel geht durch Erhitzen oder Trocknen vieles verloren. Seriöse Wissenschaftler sind sich daher einig: Nahrungsergänzungsmittel sind unnötig, überflüssig und riskant. Über die Nahrung können Sie alles viel günstiger aufnehmen, und die Inhaltsstoffe in Lebensmitteln ergänzen sich. Isolierte Stoffe in Pillen können diese Vielfalt nicht ersetzen, denn die Natur bietet alles – die beste Nährstoffversorgung erfolgt über Lebensmittel, und über Jahrtausende kam die Menschheit ohne Pillen aus. Auch heute sind unsere Böden nicht verarmt, die Lebensmittel enthalten nicht weniger Inhaltsstoffe als früher, was durch viele wissenschaftliche Studien belegt wurde. Und vor allem: Deutschland ist kein Vitaminmangel-Land!

Gehen Sie mit der «Nahrungsergänzungsmittel-Mode»?

Nahrungsergänzungsmittel sind keine geprüften oder zugelassenen Arzneimittel. Es gibt auch keine Vorschriften für Wirksamkeitsprüfungen von seriösen Instituten, daher sind die Werbeaussagen oft an den Haaren herbeigezogen. Regelmäßig ist ein neues Nahrungsergänzungsmittel «in Mode», irgendwann zeigt sich, dass zu viel versprochen wurde, und schon wird das nächste Mittel hochgelobt. Die meisten der erhofften Wirkungen konnten beispielsweise folgende Präparate nicht erfüllen: Algen, Aloe Vera, Apfelessig, Artischockendragees, Coenzym Q 10,

Haifischknorpel, Muschelextrakte, Gelee Royal, Leinöl- oder Fischölkapseln, Gelatine, Noni-Saft oder Taurin. Die Formel «Natürlich gleich gesund» gilt übrigens nicht immer, denn auch natürliche Stoffe können schädlich sein. So können Algenpräparate Jod in toxischer Dosierung enthalten, Aloe Vera kann Allergien auslösen, zu viele Omega-3-Fettsäuren (Fischölkapseln) können zu einer verlängerten Blutgerinnung führen.

Halbwahrheiten zu dick aufgetragen

Es ist eine weitverbreitete Praxis, Untersuchungen, die Anbieter von Nahrungsergänzungsmitteln an Zellkulturen im Reagenzglas durchführen lassen, auf den Menschen zu übertragen. Die Hersteller bezahlen diese Studien, um anschließend mit den Ergebnissen viel Geld zu verdienen, indem sie aus den Labordaten Empfehlungen ableiten. «Radikalfänger» in der Rotweinkapsel sollen beispielsweise den Körper vor dem Angriff freier Radikaler schützen – doch ob ein Stoff, der im Reagenzglas die Zellen schützt, das auch im menschlichen Körper tut, ist noch nicht bewiesen. Mancher «Radikalfänger» wird schon im Magen abgebaut und gelangt kaum ins Blut. Antioxidative Stoffe bildet der Körper zum Großteil selbst, und alles, was der Körper dazu braucht, steckt in der normalen Kost.

Risiko Überdosierung: Viel hilft nicht viel

Nahrungsergänzungspräparate auf Verdacht, sozusagen aus Gründen der Prophylaxe einzunehmen, ist nicht nur Geldverschwendung, sondern kann gefährlich werden und die Lebenserwartung reduzieren. So hat eine Auswertung von 68 Studien mit über 232 606 Teilnehmern gezeigt: Betacarotin, Vitamin A und Vitamin E machten nicht gesünder, sondern erhöhten sogar das Sterblichkeitsrisiko. Bei den Anwendern dieser Vitamine gab es mehr Todesfälle als bei einer Vergleichsgruppe, die keine

Vitamine einnahm.[68] Nahrungsergänzungsmittel mit Betacarotin erhöhten bei Rauchern eindeutig das Risiko, an Lungen- und Prostatakrebs zu erkranken. Bei Arteriosklerose konnte keine vorbeugende Wirkung durch Vitamine (zum Beispiel A oder B) erzielt werden, stattdessen wurde eine Zunahme von Komplikationen bei Herz- und Kreislauferkrankungen festgestellt.

In jeden Fall sollte vorab von einem Arzt geklärt werden, ob eine Verwendung nötig und sinnvoll ist. Lassen Sie Ihren individuellen Bedarf feststellen, zum Beispiel bei chronischer Medikamenteneinnahme oder Stoffwechselerkrankungen, wägen Sie Nutzen und Risiko gegeneinander ab und vermeiden Sie unbedingt Überdosierungen. Studien zeigen: Gerade gesundheitsbewusste Personen nehmen Nahrungsergänzungsmittel ein, also diejenigen, die es am wenigsten nötig hätten.

Pillen können das Nährstoff-Gleichgewicht des Körpers durcheinander bringen

Viele Nährstoffe konkurrieren miteinander um die Aufnahme in den Körper. So kann beispielsweise die Einnahme von Calcium- oder Magnesiumtabletten die Aufnahme von Eisen behindern und einen Eisenmangel erzeugen. Eisentabletten können wiederum dazu führen, dass zu wenig Zink aus dem Darm aufgenommen wird, da Zink und Eisen in der Darmschleimhaut den gleichen Transportweg benutzen. Die Wirkungen einer isolierten, hochdosierten Einnahme von Vitaminen, Mineralstoffen und sekundären Pflanzenstoffen sind noch nicht ausreichend erforscht, daher sind toxische Effekte und Wechselwirkungen mit Medikamenten möglich.

	Vitamine		Mineralstoffe und Spurenelemente	
Höchstmengen-empfehlungen für Vitamine und Mineralstoffe in Nahrungser-gänzungsmittel (NEM) durch das Bundesinstitut für Risikobewer-tung (rechtlich nicht verbind-lich); berücksich-tigen neben der Versorgungslage in Deutschland vor allem auch das Risiko, das von einzelnen Stoffen bei einer zu hohen Zufuhr ausgeht.	A (Retinol)	400 Mikrogramm	Calcium	500 Milligramm
	B₁	4,0 Milligramm	Chlorid	Kein Zusatz in NEM
	B₂	4,5 Milligramm	Chrom	60 Mikrogramm
	B₆	5,4 Milligramm	Eisen	Kein Zusatz in NEM
	B₁₂	3 – 9 Mikrogramm	Fluorid	Kein Zusatz in NEM
	Beta-carotin	2 Milligramm	Jod	100 Mikrogramm
	Biotin	180 Mikrogramm	Kalium	500 Milligramm
	C	225 Milligramm	Kupfer	Kein Zusatz in NEM
	D	5 Mikrogramm	Magne-sium	250 Milligramm (Aufteilung auf zwei Einzel-portionen)
	E	15 Milligramm	Mangan	Kein Zusatz in NEM
	Folsäure	400 Mikrogramm	Molyb-dän	80 Mikrogramm in NEM
	K	80 Mikrogramm	Natrium	Kein Zusatz in NEM
	Niacin	17 Milligramm	Phos-phor	250 Milligramm
	Panto-then-säure	18 Milligramm	Selen	25 – 30 Mikro-gramm
			Zink	2,25 Milligramm

Sind Sie Fan von Gentechnik?

Die meisten Kunden lehnen Gentechnik ab und vermuten nicht, dass insbesondere bei Nahrungsergänzungsmitteln diese Technologie längst Einzug gehalten hat. Es besteht keine Kenn-zeichnungspflicht, wenn Pillenbestandteile in geschlossenen Systemen mit Hilfe von Gentechnik hergestellt wurden. Die Anbieter nutzen diese Gesetzeslücke gezielt aus; sogar wenn mit der «Kraft der Natur» geworben wird, kommen die Vita-mine B₂, B₁₂, Betacarotin, C oder E oder die Trägerstoffe, auf die die Vitamine aufgebracht werden, zum Beispiel Stärke, Glukose oder Maltodextrin, vielfach aus dem Genlabor.[69] Ein Hinweis wie «Enthält natürliche Vitamine» kann beispielsweise bedeuten, dass die Pille zu 90 Prozent aus künstlichen, mit Hilfe der Gentechnik hergestellten Bestandteilen besteht. Ein weiteres gewichtiges Argument, das gegen diese Mittel spricht.

Das Teuerste zum Schluss: Quengelzone Kasse

Wenn Sie den Gang durch den Supermarkt geschafft haben, ohne den Verführungen der Marketingstrategen zu erliegen, wartet am Ausgang noch eine besonders schwierige Hürde auf Sie: die «Verlockungszone» im Kassenbereich. Früher oder später muss sie jeder Kunde passieren, und das stellt für den Händler einen enormen Vorteil dar. Diese vergleichsweise kleine Fläche (1,5 Prozent des Marktes) trägt mit circa fünf Prozent zum Umsatz bei, und diese Erträge sind hauptsächlich auf Tabakwaren (63 Prozent) und Süßwaren (27 Prozent) zurückzuführen. Bei fast jedem zweiten Supermarktbesuch kaufen 22 Prozent der Deutschen Produkte aus der Kassenzone, insbesondere junge Leute. Sie kaufen aus Langeweile (21 Prozent), weil sie sich belohnen wollen (25 Prozent) und haben den Kauf vorher meistens nicht geplant (53 Prozent).[70] Die Plätze im Kassenbereich sind nicht ohne Grund bei den Lebensmittellieferanten besonders begehrt: Sie garantieren einen hohen Abverkauf und eine hohe Gewinnspanne.

Handliche Snacks im Miniformat, kleine Alkoholfläschchen und Zigaretten sind aufdringlich platziert, kommen Ihnen häufig auf schräggestellten Regalen sozusagen entgegen und werden deshalb von Fachleuten als «Wasserfallprodukte» bezeichnet.

Da lange Warteschlangen an der Kasse bei den Kunden die größte Frustration und Langeweile erzeugen, gönnen sich viele zum Trost eine kleine Leckerei aus dem gutgefüllten Regal – und schon geht das Marketingkonzept für die Kassenzone auf.

Vorsicht Kinderfänger

Kinder sind die häufigsten Opfer dieser Strategie, erquengeln sich die Leckereien oder bedienen sich im Kassengedrängel selbst: Eine Leichtigkeit für die Kleinen, denn die Waren liegen praktischerweise in kinderfreundlicher Augen- und Griffhöhe.

Sie können übrigens eine Zahlung ablehnen, wenn Ihr Kind bereits vor der Kasse ein Überraschungsei oder einen Snack geöffnet hat, während Sie die Lebensmittel auf das Band legen. Prinzipiell haben Sie zwar eine Aufsichtspflicht, aber der Marktleiter trägt eine Mitschuld, wenn er die Artikel auf Greifhöhe für Kinder platziert. Aus Verbrauchersicht überwiegt die Mitschuld des Marktleiters.

Immer wieder kommt es vor, dass Eltern erfolgreich gegen «Quengelware» protestieren. Einige Supermärkte haben auf Beschwerdebriefe von Eltern reagiert und verfügen bereits über spezielle «Kinderkassen» ohne Süßigkeiten. Diese Geschäfte sollten Sie bevorzugen, wenn Ihre «Naschkatze» keine Ruhe gibt.

An der Kasse richtig Kasse machen

Während Sie warten müssen, soll die Kasse noch einmal klingeln, indem Sie am ertragsreichsten Ort des Marktes spontan zugreifen. Die vermeintlich kleinen Portionen zu einem vermeintlich geringen Preis erscheinen preiswert; die Portionsgrößen liegen meistens unter einem Euro. Im Preisvergleich mit Bonbons oder Snacks im Regal (Grundpreisangabe) sind die Snacks vor der Kasse aber meistens teurer. Daher der wichtigste Tipp für die Kassenzone: Nichts mitnehmen, die Auslage ignorieren.

Das können Sie tun: Selbstverteidigung für Verbraucher

Denkzettel für den Supermarkt: Schlucken Sie Ihren Ärger nicht hinunter

Vermutlich kommen Sie sich wehrlos vor – ein Kunde, der belogen, betrogen und für dumm verkauft wird. Ist der Supermarkt ein rechtsfreier Raum? In anderen Bereichen ist ein solches Vorgehen undenkbar: Wenn Sie eine Waschmaschine bestellen, bekommen Sie kein Waschbrett. Bei Lebensmitteln hingegen werden uns viel zu viele falsche Angaben zugemutet, da Supermarktinhaber oder Lebensmittelproduzenten mitunter ein sehr entspanntes Verhältnis zur Wahrheit haben. Dies ist unserer Meinung nach ein unhaltbarer Zustand, und es hilft nur, bessere, verbraucherfreundlichere Gesetze einzufordern und sich zu beschweren, damit die Täuscher und Fälscher nicht ungeschoren davonkommen. Stiften Sie Unruhe, weisen Sie die Firmen auf Defizite hin, fordern Sie per Mail, Brief oder Anruf Informationen ein und vor allem: Lassen Sie sich nicht alles gefallen.

Die folgende Übersicht hilft Ihnen, sich zu wehren und den richtigen Ansprechpartner für Ihre Reklamation zu finden.

Der Marktleiter: Erster Ansprechpartner bei Reklamationen

Der Marktleiter ist der richtige Ansprechpartner, wenn es sich um Mängel handelt, die von ihm direkt behoben werden können.

Beispiele:

- Sie finden Ware mit abgelaufenem Verbrauchsdatum (zum Beispiel Hackfleisch).
- Der Obst- und Gemüse-Bereich ist nicht gepflegt, die Erdbeeren sind angeschimmelt, die Bananen haben braune Stellen, oder der Salat ist welk.
- An der Kasse werden falsche Preise eingescannt.

Eine Aktion der Verbraucherzentralen für eine lückenlose Kennzeichnung unserer Lebensmittel

Wenn sich die Situation nicht bessert, schreiben Sie – vor allem bei größeren Handelsketten – an die Zentrale, um den Druck zu erhöhen. Versuchen Sie, den Brief an jemanden zu adressieren, der möglichst in der Führungsetage des Unternehmens sitzt. Briefe, die mit dem Hinweis «persönlich» gekennzeichnet sind, erreichen auch das gehobene Management und gehen nicht unter. Bitten Sie Ihren Ansprechpartner bis zu einem bestimmten Termin um Antwort.

Haben Sie eine Beschwerde zu einem Produkt, dann kann auch der Hersteller der richtige Ansprechpartner sein. Dazu ist es wichtig, den Mangel genau zu beschreiben; optimal ist es, das fehlerhafte Produkt einzuschicken oder zu fotografieren und das Bild per Mail zu versenden.

Lebensmittelüberwachung: Ansprechpartner bei Verstößen gegen das Lebensmittelgesetz

Bei häufigen oder schwerwiegenden Mängeln sollten Sie die Überwachungsbehörde einschalten. Damit bewahren Sie andere Kunden vor Schäden und veranlassen eine Kontrolle in der Filiale oder beim Hersteller.

Beispiele:
- Mindesthaltbarkeitsdatum manipuliert, zum Beispiel überklebt
- Die Kühleinrichtungen sind zu warm: die Tiefkühltruhe mehr als –15 Grad Celsius
- Das Thermometer der Kühltheke mit verpacktem Hackfleisch zeigt mehr als zwei Grad Celsius.
- Das Verbrauchsdatum bei leichtverderblichen Lebensmitteln ist abgelaufen.
- Mangelhafte Hygiene in der Bedientheke vor allem bei Fleisch oder beim Käse, zum Beispiel unsaubere Schneidebretter

- Verdorbene Lebensmittel, zum Beispiel ranzige Nüsse
- Fehlende Grundpreisangaben am Regal

Die Lebensmittelüberwachung ist leider von Bundesland zu Bundesland anders organisiert, die Behörden tragen unterschiedliche Namen und sind auch verschieden strukturiert: In Hamburg beispielsweise wäre das Verbraucherschutzamt zuständig, in Bayern das Gesundheits- und Veterinäramt und in Berlin die Lebensmittelaufsicht. Sie müssen sich aber immer zuerst an die jeweilige Behörde des Bundeslandes wenden, in dem Sie das fehlerhafte Produkt gekauft haben.

Für eine erfolgreiche Beschwerde sollten Sie den Mangel genau beschreiben. Die besten Chancen bestehen, wenn Ihnen das beanstandete Produkt vorliegt; bewahren Sie Reste oder Teile des bemängelten Lebensmittels auf, und frieren Sie leichtverderbliche Lebensmittel ein, wenn Sie nicht sofort die Lebensmittelüberwachung informieren können.

Checkliste für eine erfolgreiche Beschwerde:

- Wie ist der Name des Produktes, wie lautet das Mindesthaltbarkeitsdatum und die Los- oder Chargennummer/EAN-Nummer (kleingedruckt unter dem Barcode)?
- Wie heißt der Hersteller, Verkäufer oder Importeur?
- Wann und wo wurde das Lebensmittel gekauft (Beleg aufheben)?
- Wurde die Ware gekühlt oder ungekühlt angeboten?
- War die Verpackung beim Einkauf schon beschädigt beziehungsweise auffällig?
- Welchen Mangel haben Sie festgestellt: abweichendes Aussehen, veränderter Geschmack, merkwürdiger Geruch?
- Wann wurde der Mangel festgestellt?
- Welcher Zeitraum ist zwischen Kauf und Feststellung des Mangels vergangen?

- Wie wurde das Lebensmittel zu Hause gelagert?
- Haben Sie das mangelhafte Lebensmittel noch vorliegen?
- Kühlen beziehungsweise frieren Sie es ein, bis Sie die Beschwerdeprobe abgeben?
- Haben Sie das Lebensmittel verzehrt oder traten gesundheitliche Beschwerden auf?
- Haben Sie eine Hautcreme gekauft, die starke Hautreizungen verursacht hat?
- Sind Sie nach dem Verzehr von geräuchertem Lachs oder Ähnlichem an einer Lebensmittelinfektion erkrankt? (In diesem Fall sollten Sie natürlich zuerst einen Arzt aufsuchen.)

Eichämter: Die richtigen Ansprechpartner bei falschen Gewichtsangaben

Fallen Ihnen regelmäßig Verstöße gegen das Eichgesetz auf, informieren Sie bitte die Eichbehörden in Ihrem Bundesland (www.eichamt.de).

Beispiele:

- Keine Tara-Einstellung (Minusgewicht für Verpackungsmaterial) bei den Waagen an der Bedientheke
- Falsche Gewichtsangabe bei offenen Packungen; die Schale Erdbeeren wiegt beispielsweise nicht 500 Gramm netto.
- Verpackungen, die mehr Inhalt vortäuschen
- Untergewicht bei verpackten Lebensmitteln

Vor- und Nachteile von Beschwerdemöglichkeiten

Beschwerdestelle	Vorteil	Nachteil
Geschäft	Sie bekommen in der Regel einwandfreie Ware oder zum Teil auch Ihr Geld zurück.	Niemand erfährt, ob der Mangel generell abgestellt wird. Es finden keine zusätzlichen Kontrollen statt.
Behörde (Lebensmittelüberwachung oder Eichamt)	Sie bewahren eventuell andere vor Schäden und veranlassen eine Kontrolle bei dem Händler oder Produzenten, zum Beispiel bei schweren Hygienemängeln.	Sie bekommen keinen Ersatz oder Ihr Geld nicht zurück und teilweise auch keine Informationen von der Behörde. Das Beweismittel ist nicht mehr in Ihrem Besitz.
Hersteller	Aus Kulanzgründen gibt es teilweise großzügigen Ersatz.	Es finden keine staatlichen Kontrollen statt. Es gibt keinen Rechtsanspruch auf Ersatz. Das Beweismittel ist nicht mehr in Ihrem Besitz.

Quelle:[71]

Verbraucherzentrale: Ansprechpartner für alle Fälle

Falls Sie nicht wissen, wer der richtige Ansprechpartner ist, wenden Sie sich an Ihre regionale Verbraucherzentrale. Dort werden Sie über Ihre Rechte informiert, und es wird geprüft, ob Sie weitere Ansprüche geltend machen können (Produkthaftung, Schadensersatzansprüche). Verbraucherzentralen können aber keine eigenen Untersuchungen durchführen und haben im Gegensatz zu den Behörden keine Befugnis, Unterlagen im Supermarkt zu überprüfen oder Verstöße zu ahnden. Dafür können Verbraucherzentralen Hersteller oder Händler bei irreführender Werbung abmahnen und auf Unterlassung verklagen.

Beschwerdebriefe, die Ihnen weiterhelfen: So holen Sie zum Gegenschlag aus

Viele Täuschungsmanöver finden im rechtsfreien Raum statt; das ist trotzdem kein Grund, diese kommentarlos hinzunehmen. Kein Anbieter möchte dauerhaften Ärger mit den Kunden, und weil es beim Handel um stark umkämpfte Marktanteile geht, kann die Angst vor negativen Verbraucherreaktionen mitunter zu Verbesserungen führen.

«Was kann ich mit meiner Beschwerde schon erreichen?», denken viele und schlucken ihren Ärger herunter, doch die Wirkung von Beschwerden wird häufig unterschätzt. Die Firmen werten die Reklamationen aus, was folgende Beispiele belegen: Elternproteste (Anrufe, Briefe, Mails) haben dazu geführt, dass die künstlichen Farbstoffe aus der Rezeptur vieler Gummibärchenanbieter oder der Alkohol aus Kinderlebensmitteln verbannt wurden. Eine verstärkte Nachfrage nach regional erzeugten oder fair gehandelten Lebensmitteln hat bewirkt, dass immer mehr dieser Produkte im Angebot sind.

Auch schlechte Testergebnisse, zum Beispiel von der *Stiftung Warentest* oder *ÖKO-TEST*, führen mitunter zu Produktveränderungen. Schlechte Berichterstattungen in der Presse sind bei den Anbietern natürlich auch unbeliebt, da sie möglichst ohne Öffentlichkeit verkaufen und verdienen möchten. Bei *ALDI* gibt es zum Beispiel für Kunden nicht einmal eine Service-Telefonnummer. Das Internet erleichtert es aber heutzutage, Namen und Adressen der Hersteller herauszufinden. Scheuen Sie sich nicht, Ihre Meinung zu sagen. «Im Supermarkt geht es immer mehr um Emotionen», meinte jüngst der REWE-Chef Alain Caparros.[72] Er sprach zwar über die Strategien zur Kundenbeeinflussung – aber nehmen Sie ihn ruhig wörtlich. Seien auch Sie emotional und zeigen Sie, dass Sie sich ärgern!

Vielleicht finden Sie noch ein paar Mitstreiter, die die gleichen Dinge bemängeln. Viele Beschwerdebriefe sind immer besser als ein einziger. Senden Sie auch eine Kopie Ihrer Beschwerde an die Verbraucherzentrale und vermerken Sie dies auf dem Brief, das bewirkt häufig mehr. Als besonders wirkungsvoll haben sich Briefe an die Führungsebene oder an Vorstandsvorsitzende erwiesen, da kein Mitarbeiter eines Supermarktes gerne von seinem Vorgesetzten auf eine Beschwerde angesprochen wird. Und weil das Management weit weg vom Alltagsgeschäft ist, werden Beschwerden häufig besonders ernst genommen. Die Namen der Verantwortlichen finden Sie zum Beispiel auf den Webseiten der entsprechenden Firmen unter «Impressum, «Über uns», «Unternehmen» oder «Organisation» oder in Fachartikeln zum Unternehmen.

Im Folgenden haben wir einige Bausteine für Ihren Brief zusammengestellt.

Beispiele für Beschwerdebriefe an den Supermarkt oder die Handelskette

Sehr geehrte Damen und Herren, (wenn möglich persönlich adressieren)

ich bin Kundin in Ihrem Geschäft/Filiale ....

Beim Einkauf ist/sind mir ein Mangel/folgende Mängel (in Ihrer Filiale ....) aufgefallen. Ich möchte mich darüber beschweren und bitte Sie um eine Stellungnahme, damit ich prüfen kann, ob ich weiterhin in Ihrem Geschäft einkaufen möchte.

❏ Ich möchte nicht andauernd durch das Supermarktradio beim Einkauf gestört werden und fühle mich dadurch belästigt.

❏ Die Beduftung in Ihrem Supermarkt ist für mich unzumutbar: Nach dem Einkauf habe ich gesundheitliche Probleme wie Kopfschmerzen oder allergische Reaktionen. Bitte teilen Sie mir mit, wann diese Kundenbeeinflussung gestoppt wird.

❏ Ich möchte Sie bitten, keine «Quengelware» im Kassenbereich aufzubauen. Dadurch wird ein Einkaufen mit Kleinkind zur Zumutung. Zeigen Sie sich familienfreundlich und richten Sie zumindest eine kinderfreundliche Kasse ohne Süßwaren ein.

❏ Ich vermisse in Ihrem Geschäft Lebensmittel aus der Region. Um den Ausstoß von klimaschädlichen Treibhausgasen zu vermindern und meinen Beitrag zum Klimaschutz zu leisten, würde ich gerne Obst und Gemüse aus dieser Region kaufen, denn der weltweite «Flugtourismus» ist schädlich für das Klima.

❏ Mich stören die zahlreichen Rotlichtlampen an der Fleischtheke. Ich möchte die Frische anhand der Farbe des Fleisches überprüfen können. Durch das rote Licht verweigern Sie mir die Möglichkeit, altes Fleisch zu erkennen.

❏ Ich bin Allergiker / Vegetarier. Bitte kennzeichnen Sie auch die lose Ware mit allen Inhaltsstoffen und den wichtigsten Allergenen oder stellen Sie entsprechende Informationen ins Internet oder auf Plakaten oder in Broschüren zur Verfügung. Ohne diese Angaben kann ich nicht gefahrlos bei Ihnen einkaufen beziehungsweise muss ich als Vegetarier zwangsweise Bestandteile von toten Tieren essen.

❏ Die Grundpreise am Regal fehlen, sind zu schwach gedruckt oder unleserlich klein. Sie halten die gesetzlichen Vorgaben nicht ein und nehmen mir die Möglichkeit, Preise zu vergleichen.

❏ Mir fehlen «Faire Lebensmittel» im Sortiment. Die zunehmende Globalisierung soll nicht dazu führen, dass es den Menschen in Entwicklungsländern immer schlechter geht. Ich möchte einen fairen Preis bezahlen, der Kindern Bildung ermöglicht und sie nicht zu Billigarbeitern auf den Feldern macht.

❏ Die Überfischung der Meere macht mir Sorgen; ich möchte, dass auch kommende Generationen noch Fisch essen können. Bitte bieten Sie keine untermaßigen Fische, zum Beispiel Schollen, die noch nicht gelaicht haben, an und sorgen Sie für ein besseres Angebot an MSC-gelabeltem Fisch.

❏ Eine Großpackung Schokolade / Weichspüler / Süßwaren, die ich in dem Glauben gekauft hatte, Geld zu sparen, war pro 100 Gramm / Kilogramm / 100 Milliliter / Liter teurer als eine kleinere Verpackungsgröße. Ich fühle mich getäuscht und bitte, diese Preisgestaltung einzustellen.

❏ Die Mitarbeiter sind wenig behilflich / bei Nachfragen schlecht informiert / unhöflich. So kann ich über folgenden Vorfall berichten: ....

❏ Die Wartezeit an den Kassen ist viel zu lang.

❏ In Ihrem Supermarkt fühle ich mich als Kunde nicht wohl und habe Schwierigkeiten beim Einkaufen, weil mir eine Hilfe beim Einpacken fehlt / ich keinen Stuhl zum Aus-

ruhen finde / Abstellmöglichkeit für meinen Kinderwa-
gen / Gehwagen fehlen.

❏   Sonstiges: ....

❏   Über eine Stellungnahme bis zum .... würde ich mich
     freuen.

Mit freundlichen Grüßen

(Unterschrift)

Kopie: örtliche Verbraucherzentrale

Beispiele für Beschwerdebriefe an die Lebensmittelindustrie

Sehr geehrte Damen und Herren, (wenn möglich persönlich
adressieren)
ich habe Produkt xyz gekauft und möchte Ihnen dazu Folgendes
mitteilen:

• Das Zutatenverzeichnis auf der Verpackung war zu klein
  und / oder wenig kontrastreich (zum Beispiel dunkelgrau
  auf hellgrau), sodass ich die Inhaltsstoffe nicht erkennen
  konnte. Da es mir wichtig ist, mich vor dem Kauf über die
  Inhaltsstoffe zu informieren, fordere ich Sie hiermit auf, kun-
  denfreundlicher vorzugehen und eine größere Schriftgröße /
  einen kontrastreicheren Druck zu wählen.

• Obwohl auf der Verpackung viele Bilder von unterschiedlichen Obstsorten abgebildet sind, befinden sich im Früchtetee / Joghurt / Quarkspeise fast nur Aromastoffe. Ich fühle
  mich getäuscht. Das Produkt schmeckt überaromatisiert und
  wenig natürlich. Bitte ändern Sie das Etikett oder erhöhen Sie
  den Obstanteil in der Rezeptur.

• Sie haben den Inhalt reduziert – bei unverändertem Preis.

Somit hat eine heimliche Preiserhöhung von ... Prozent stattgefunden. Sie haben versäumt, Ihre Kunden darauf hinzuweisen. Solange das neue reduzierte Gewicht nicht groß auf der Vorderseite der Verpackung steht, fühle ich mich getäuscht.

- Ihre Chips/Fertiggerichte/Suppen sind mit so vielen Geschmacksverstärkern versehen, dass man durch die intensive Geschmacksverfälschung dazu neigt, zu viel von dem Produkt zu essen. Bitte verzichten Sie zukünftig auf Geschmacksverstärker.

- Beim Öffnen der Verpackung von Produkt xyz habe ich festgestellt, dass sich über ein Drittel Luft in der Verpackung befindet. Ich konnte den wahren Inhalt von außen nicht erkennen und fühle mich hinsichtlich des Gewichts und der Masse der Ware getäuscht.

- Ich bin Allergiker/Vegetarier, und mir fehlen folgende Angaben zu Ihrem Produkt: ....

Ich erwarte Ihre Stellungnahme bis zum ... und werde das Produkt zukünftig nur noch kaufen, wenn Sie die Mängel abstellen beziehungsweise mich als Kunde besser informieren.

Mit freundlichen Grüßen

(Unterschrift)

Kopie: örtliche Verbraucherzentrale

Für Sparfüchse: Tipps auf einen Blick

Haben Sie das Gefühl, grundsätzlich zu viel Geld auszugeben? Hier sind die wichtigsten Spartipps im Überblick.

Nicht ohne Einkaufszettel: Gehen Sie nicht ohne Einkaufszettel in den Supermarkt und kaufen Sie nur das, was Sie notiert haben. Dies bewahrt Sie davor, Wichtiges zu vergessen und verhindert den Kauf von Überflüssigem. Falls Sie häufiger in einem bestimmten Geschäft einkaufen, schreiben Sie die Artikel in der Reihenfolge auf, wie sie auch im Laden stehen. Das spart Zeit und verhindert Spontankäufe.

Vorher über Preise informieren: Kaufen Sie gezielt Angebotsware und informieren Sie sich vorher über die Preise. Wer laufend Preise beobachtet, bekommt schnell ein Gefühl dafür, was günstig und was teuer ist. Übrigens müssen Sonderangebote, wenn sie in der Tageszeitung oder per Werbeprospekt beworben werden, auch am Erscheinungstag im Laden sein. Wird der Prospekt erst am späten Nachmittag in Ihren Briefkasten eingeworfen, reicht es aus, wenn das Angebot am nächsten Werktag erhältlich ist. Mitunter gibt es Lockvogelangebote: Sie werden umsonst ins Geschäft gelockt, das Produkt ist schon vergriffen. Laut Gesetz muss der Warenvorrat jedoch mindestens zwei Tage ausreichen, sonst handelt es sich um irreführende Werbung. Bei Frischobst oder Fleisch und bei Lieferengpässen des Vorlieferanten gibt es Ausnahmen.

Satt zum Einkaufen: Ein hungriger Kunde ist der beste Kunde, so lautet eine alte Supermarktweisheit. Gehen Sie also auf keinen Fall mit leerem Bauch einkaufen, denn so sind Sie nicht nur anfälliger für Spontankäufe, sondern kaufen auch größere Mengen ein.

Vorher Kühlschrank inspizieren: Ein kurzer Blick in den Kühlschrank oder ins Vorratsregal hilft dabei, den Überblick zu behalten und nichts Unnötiges zu kaufen. Schätzungen zufolge werden in manchen Haushalten bis zu 35 Prozent der Einkäufe weggeworfen. Was haben Sie von den letzten Einkäufen im Mülleimer entsorgt, welche Produkte überschreiten bei Ihnen immer wieder das Mindesthaltbarkeitsdatum, ohne dass Sie diese wirklich gebraucht haben?

Seltener einkaufen: Je öfter Sie einkaufen, desto größer ist die Chance, zu viele überflüssige Produkte mitzunehmen. Gehen Sie möglichst nur einmal pro Woche mit Einkaufsliste in den Supermarkt.

«Happy Hour» nutzen: Einige Backshops verkaufen kurz vor Ladenschluss die Waren zum halben Preis.

Plastiktüten vermeiden: Beim Einkaufen jedes Mal eine neue Plastiktüte? Nein, lieber Stoffbeutel mitnehmen! Das spart jährlich rund 15 Euro und schont die Umwelt. Sie können auch die leeren Warenkartons für Ihren Einkauf verwenden.

Nach No-Name-Artikeln schauen: Einige Markenprodukte gibt es unter anderem Namen viel günstiger, und Sie sparen bis zu 40 Prozent.

Einkäufe aufteilen: Wer aus Bequemlichkeit nur zu dem Händler geht, der das vollständigste Sortiment hat, zahlt mehr. Wer Zeit genug hat: Mehrere Geschäfte ansteuern und dort gezielt günstige Produkte kaufen.

Auf Grundpreise achten: Beim Kauf insbesondere von Großpackungen achten Sie immer auf den Grundpreis und vergleichen Sie ihn mit dem der kleineren Packung!

Scannerkassen kontrollieren: Die Scanneretikettierung hat den Vorteil, dass die Preise in der Kasse meistens richtig eingestellt sind und Eingabefehler seitens des Personals an der Kasse seltener sind. Doch Vorsicht: Bei verbilligten Wühltischartikeln oder Sonderangeboten kann es sein, dass in der Kasse noch der normale Preis gespeichert ist. Merken Sie sich die ermäßigten Preise, das zahlt sich aus.

Wer sich nicht wehrt, kauft verkehrt

Einkaufen hat zu Unrecht den Ruf, eine anspruchslose Tätigkeit zu sein, die man nebenbei erledigen kann – denn wenn man das Angebot gezielt unter die Lupe nehmen und eine bewusste Lebensmittelauswahl treffen will, muss man sich konzentrieren.

Die Beeinflussung der Kunden in den Supermärkten wird nur dann unterbunden, wenn sich diese nicht mehr alles gefallen lassen – aber innovative technische Mittel ermöglichen in Zukunft vielleicht sogar noch ein subtileres Vorgehen der Werbestrategen. Wird der Kunde von morgen noch transparenter sein, noch berechenbarer und manipulierbarer?

Wie gefällt Ihnen dieses Szenario: Ein kleiner Computer an Ihrem Einkaufswagen schlägt Ihnen nach dem Lesen Ihrer Kundenkarte eine Einkaufsliste vor; Brot, Milch, Käse und Wein, weil Sie montags schon oft diese Lebensmittel gekauft haben. Der Computer macht Ihnen Rezeptvorschläge und zeigt Werbespots zu den jeweiligen Produkten, und ein Scannertor an der Kasse registriert Ihren Wageninhalt. Es gibt keine Kassiererinnen mehr. Mit Hilfe von Funkchips an den Produkten – den sogenannten RFID-Chips (**R**adio **F**requency **I**dentification: Automatische Identifizierung durch Radiowellen) – wird der gesamte Warenwert auf einmal erfasst. «Schnüffel-Chips» nennen Datenschützer diese Innovation. Sie bezahlen per Fingerabdruck, der Betrag wird automatisch von Ihrem Konto abgebucht. Verkaufspersonal gibt es nicht mehr, Informationen können Sie sich an Info-Terminals selbst beschaffen. Schöne neue Welt?

Wenn Kunden alles kritiklos akzeptieren, werden die Anbieter jede Technologie einführen, die es ermöglicht, Kosten zu sparen, und ihre Kunden immer weiter «ausschnüffeln», denn je vorhersehbarer die Verbraucherreaktionen sind, umso besser können Umsätze geplant werden. Lassen Sie nicht zu, dass Werbestrategen bestimmen, was Sie essen!

Hier hilft nur Selbstverteidigung. Ihre Strategien:

1. «Vorsicht Kunde» statt «Vorsicht Supermarkt»

Nutzen Sie Beschwerdemöglichkeiten und werden Sie auch mal zum «unbequemen» Verbraucher. Geben Sie Ihr Einkaufsverhalten nicht preis. Bei zu viel «Supermarktfrust» können Sie die Unterstützung Ihrer Verbraucherzentrale in Anspruch nehmen.

2. Politik mit dem Einkaufszettel

Jedes Produkt im Supermarkt hat ein zweites, unsichtbares Preisschild. Kennen Sie die Arbeitsbedingungen von Kindern bei der Kaffeeernte, das Leid der Hühner in zu engen Käfigen oder die Auswirkungen der weltweiten Lebensmittel-Transporte auf das Klima? Diesen «zweiten Preis» zahlen nicht die Käufer. Fordern Sie daher auch Informationen zu den Produktions- und Herstellungsbedingungen ein. So können auch Sie das Angebot mitbestimmen. Jeder einzelne Warenkorb mag sehr klein sein, aber alle Kunden zusammen bewegen täglich riesige Gütermengen.

3. Mehr Verbraucherpolitik einfordern

Noch hat die Verbraucherpolitik einen geringen Stellenwert, und wichtige Gesetze wie das Verbraucherinformationsgesetz, das eigentlich mehr Transparenz bei Lebensmittelskandalen schaffen sollte, werden häufig verwässert und erweisen sich als «Anbieterschutzgesetze». «König Kunde» werden wichtige Informationen verwehrt. Auch wenn die Lobbyisten der Lebensmittelindustrie einen sehr großen Einfluss auf Politiker haben: Fragen Sie auch als Wähler nach, was der Politiker, den Sie gewählt haben, eigentlich für den Verbraucherschutz tut.

4. Wissen ist Macht

Ihre Macht ist die Nachfrage nach gesunden und qualitativ hochwertigen Lebensmitteln; schlechte Lebensmittel mit zu viel Zucker oder verstecktem Fett wirken sich schlecht auf Ihre Gesundheit aus. Immer mehr Übergewichtige und Diabetiker sind die Folge eines Ernährungsverhaltens, das nicht zuletzt Supermärkte und Lebensmittelkonzerne initiieren.

Wenn Sie mehr über Lebensmittel wissen möchten, nutzen Sie das Beratungsangebot der Verbraucherzentralen, die sich für Ihre Interessen einsetzen und telefonische, schriftliche oder persönliche Beratung sowie Vorträge und Seminare anbieten (bundesweite Adressen: www.verbraucher.de).

Lesen Sie Testergebnisse: Im Internet finden Sie die Testzeitschriften zum Beispiel unter www.stiftung-warentest.de. Prüfen Sie das Kleingedruckte auf der Verpackung und informieren Sie sich über glaubwürdige Label.

5. Geben Sie den Kochlöffel nicht ab

In kleineren Haushalten wird immer seltener gekocht, und für ein gemeinsames Essen nehmen sich viele Menschen keine Zeit. Lebensmittel werden im Zuge der Veränderung von Arbeits- und Lebensgewohnheiten immer stärker außer Haus konsumiert, und Supermärkte stellen sich mit einem großen Angebot an Fertiggerichten darauf ein. Künstliche Veränderungen von Produkten werden zunehmen, sei es durch mehr Zusatzstoffe oder genetische Manipulation, damit Fertiggerichte schmecken «wie selbst gekocht» und in der Mikrowelle schnell erwärmt werden können. Wenn Sie weiter die Vorherrschaft in Ihrer Küche behalten wollen: Schneiden Sie sich Ihr Obst selbst in den Joghurt oder braten Sie richtige Kartoffeln in der Bratpfanne, statt eine Tüte aufzuschneiden. Sie sparen nicht nur Geld, sondern leben auch gesünder.

6. Einkaufsfallen weitergeben

Sie vermissen eine Käuferfalle in unserem Buch, die Sie anderen gerne mitteilen möchten? Ihnen ist aktuell in Ihrem Supermarkt etwas aufgefallen, das Sie uns mitteilen möchten? Wir freuen uns über jede Anregung und werden diese bei einer Neuauflage aufnehmen, wenn sie auch für weitere Käufer von Interesse ist. Sie erreichen uns unter: www.vorsicht-supermarkt.de.

Quellen

[1] Verlag für die Deutsche Wirtschaft: Point-of-Sale-Verkaufsförderung, 7/2007

[2] Der Spiegel: Der erste Selbstbedienungsladen, 8/1950

[3] Der Spiegel: Der erste Selbstbedienungsladen, 8/1950

[4] Manager Magazin Spezial, 10/2006

[5] Verdi: Strukturwandel im LEH, 7/2006; Lebensmittel Zeitung: Top 30 LEH, 4/2007

[6] Verbraucherpolitische Korrespondenz, vzbv, Berlin, 2006

[7] Spiegel Online, 2. 3. 2007

[8] Lebensmittel Zeitung Spezial: Shop Konzepte, 1/2007

[9] Deutsches Tiefkühlinstitut: Tiefkühlkost gewinnt Marktanteile, 20. 9. 2006

[10] Hauptverband des Deutschen Einzelhandels, 5/2007

[11] Trend Topics, Lebensmitteleinzelhandel, 2006

[12] EHI Retail Institut, Köln, 2007

[13] Hauptverband des Deutschen Einzelhandels, 5/2007

[14] EHI Retail Institut, Köln, 2007

[15] Konsument: So werden wir manipuliert, 4/1996

[16] SZ-Wissen: Kunden, wir kriegen Euch, 14/2007

[17] Lebensmittel Zeitung Spezial: EU gibt Verpackungsgrößen frei, 5/2007

[18] Der Spiegel: Stimme aus dem Nichts, 15/2006

[19] Research&Results: Alles auf einer Karte, 1/2006; Lebensmittel Zeitung: Dem unberechenbaren Kunden auf der Spur, 27. 4. 2007

[20] Lebensmittel Zeitung: Werbeanzeige, 30. 3. 2007

[21] Verlag für die Deutsche Wirtschaft: Point-of-Sale-Verkaufsförderung, 7/2007

[22] Frankfurter Allgemeine Sonntagszeitung: Der Bananenquark in der Bückzone, 17. 12. 2006

[23] Uplawski,L.: Ich höre, also kauf ich – Instrumente zur Beeinflussung des Kundenverhaltens und -erlebens am Beispiel von Musik, Münster, 2005; Schnierer, T.: Soziologie der Werbung, Opladen, 1999.

24 Die Welt: Der Duft des Konsums, 12. 5. 2007

25 Umweltbundesamt: Duftstoffe nicht wahllos einsetzen, Dessau, 64/2004

26 Informationsverbund Dermatologischer Kliniken: Überwachung der Kontaktallergie, Allergo Journal, 14/2005

27 Ärztezeitung: Schaden oder Nutzen? Duft-Marketing in Arztpraxen, 7. 10. 2003

28 Sommer, R.: Die Psychologie des Verbrauchers, Darmstadt, 2007.

29 Richter, M.: Die Psychologie des Kaufens, Regensburg, 2005; Mayer, H. O.: Einführung in die Wahrnehmungs-, Lern- und Werbepsychologie, München, 2000

30 Florack, A. und Scarabis, M.: Subtile Mächte, Gehirn und Geist, 1/2002; Moser, K.: Markt- und Werbepsychologie, Göttingen, 2002

31 Moser, K.: Markt- und Werbepsychologie, Göttingen, 2002

32 www.delphinschutz.org/dokus/thunfisch-liste.pdf#GRD-Tunfisch-liste

33 Ratgeber der Verbraucherzentralen: Alles öko?, 2006, ergänzt um eigene Angaben

34 Grunenfelder LA et al.: Glycoalkaloid development during greening of fresh market potatoes (Solanum tuberosum L), Journal of Agricultural and Food Chemistry, 54/2006, S. 5847–5854

35 Abschlussbericht der Arbeitsgruppe «Probiotische Mikroorganismenkulturen in Lebensmitteln» am BgVV (Bundesinstitut für gesundheitlichen Verbraucherschutz und Veterinärmedizin), heute BfR (Bundesinstitut für Risikobewertung), 10/1999

36 Alexa L. Meyer, Ibrahim Elmadfa, Irene Herbacek, Michael Micksche: Daily Intake of probiotic as well as conventional yogurt has a stimulating effect on cellular immunity in young healthy women, Annals of Nutrition and Metabolism Vol. 50, No. 3/2006, S. 282–289

37 Stiftung Warentest: Erdbeer-Magerjoghurt: Viel Kalorien, wenig Geschmack, 7/2005

38 Verbraucherzentrale Hamburg: Einkaufsfalle Supermarkt, 2007

39 Lebensmittel Zeitung: Fachthema Kaffee, 25. 5. 2007

[40] Verbraucherzentrale Hamburg: Baby-Fische gehören nicht auf den Teller, 5/2007

[41] WDR, Sendung Markt, 8. 5. 2006

[42] Niedersächsisches Landesamt für Verbraucherschutz und Lebensmittelsicherheit, Jahresbericht 2004

[43] Veterinärinstitut für Fische und Fischwaren, Cuxhaven, 4. 1. 2006

[44] Ratgeber der Verbraucherzentrale Hamburg: Was bedeuten die E-Nummern, 2006

[45] Prophylaxe dialog, 1/2005

[46] Lebensmittel Zeitung Spezial: Foods Trends, 3/2006

[47] Handelsmagazin: Chilled Food – kühl kommt, 6/2004

[48] Öko-Test Sonderheft: Essen, Trinken, Genießen, 10/2005

[49] UGB-Forum: Glutamat – harmlos oder Nervengift, 2/2004

[50] Stiftung Warentest: Pizza speciale: Drei «gute» zum Genießen, 11/2006 und 7/2007; Ernährungsbericht 2004, Deutsche Gesellschaft für Ernährung, Bonn

[51] Lebensmittel Zeitung: Fachthema Babynahrung, 13. 4. 2007

[52] taz: Dänemark verbietet Flocken, 14. 8. 2004

[53] Bundesinstitut für Risikobewertung: Verwendung von Vitaminen und Mineralstoffen in Lebensmitteln, Berlin, 2004

[54] Lebensmittel Zeitung: Schokoladenumsatz schmilzt dahin, 25. 5. 2007

[55] www.digitalfernsehen.de: Ostern im TV, 5. 4. 2007

[56] Verbraucherzentrale Bundesverband: Verbrauchertäuschung bei Lebensmitteln, 19. 1. 2005

[57] Arbeitsgemeinschaft Mess- und Eichwesen: Was sind Mogelpackungen, 7/2007

[58] Industrieverband Körperpflege- und Waschmittel: INCI-Datenbank, Frankfurt, 2007

[59] Stiftung Warentest: Mikroskopische Erfolge, 5/2002

[60] Lebensmittel Zeitung: Werbeanzeige, 4. 5. 2007

[61] Stiftung Warentest: Sie straffen nichts, 2/2004; Konsument: Cellulitemittel, 7/2003; Öko-Test: Zu dick aufgetragen: Kosmetikwirkstoffe auf dem Prüfstand, 1/2007

[62] Stiftung Warentest: Keime drohen, 1/2007

[63] Öko-Test: Aus der Luft gegriffen, 4/2003; Der Spiegel: Koffein-Seife soll Morgenkaffee ersetzen, 4/2007

[64] Institut für Hygiene, Hamburg, Jahresbericht 2002

[65] Jahresbericht der amtlichen Lebensmittelüberwachung, Freistaat Thüringen, 2005

[66] Chemisches und Veterinäruntersuchungsamt, Karlsruhe, Jahresbericht 2005

[67] Becker, N. & Wahrendorf, J., Krebsatlas, Heidelberg, 1998

[68] Mortality in Randomized Trails of Antioxidant Supplements for Primary and Secondary Prevention, American Medical Association, 2007

[69] www.transgen.de, 7/2007

[70] EHI Retail Institut: Kleine Fläche, großer Ertrag, 22. 2. 2006; Markant Handelsmagazin: Mediaedge, 3/2005

[71] Ratgeber der Verbraucherzentralen: Schlucken Sie Ihren Ärger nicht herunter! – Lebensmittel gezielt reklamieren, 2005

[72] Lebensmittel Zeitung: REWE putzt sich heraus, 1. 6. 2007

S 58/3

Sechs Richtige

Bestseller für ein glückliches Leben

Stefan Klein
Einfach glücklich
Die Glücksformel für jeden Tag
rororo 61677

Alexander von Schönburg
Der fröhliche Nichtraucher
*Wie man sich gut gelaunt das
Rauchen abgewöhnt*
rororo 61660

**Die Kunst des stilvollen
Verarmens**
Wie man ohne Geld reich wird
rororo 61668

Karen Kingston
**Feng Shui gegen das
Gerümpel des Alltags**
rororo 61399

Abtprimas Notker Wolf
Worauf warten wir?
*Ketzerische Gedanken zu
Deutschland*
rororo 62094

Stefan Klein
Die Glücksformel
*oder Wie die guten Gefühle
entstehen*
«Wenn Sie dieses Buch gelesen
haben, wird es in Ihrem Kopf
anders aussehen als vorher.» (Der
Spiegel)

rororo 61513

Weitere Informationen in der Rowohlt Revue *oder unter* www.rororo.de